I0168559

Mme LOUISE COLET

CE QU'ON RÊVE

EN AIMANT

POÉSIES NOUVELLES

SUIVIES DE

L'ACROPOLE D'ATHÈNES

POÈME

COURONNÉ PAR L'ACADÉMIE FRANÇAISE

En sa séance publique du mois d'août 1854.

PARIS

LIBRAIRIE NOUVELLE

BOULEVARD DES ITALIENS, 15, EN FACE DE LA MAISON DORÉE

CE QU'ON RÊVE

EN AIMANT

PARIS. — IMP. SIMON RAÇON ET COMP., RUE D'ERFURTH, 1.

CE QU'ON RÊVE

EN AIMANT

POÉSIES NOUVELLES

PAR

Mme LOUISE COLET

SUIVIES DE

L'ACROPOLE D'ATHÈNES

POÈME

Couronné par l'Académie française

EN SA SÉANCE PUBLIQUE DU MOIS D'AOUT 1854

PARIS

LIBRAIRIE NOUVELLE

BOULEVARD DES ITALIENS, 15, EN FACE DE LA MAISON DORÉE

—

1854

CHANTS DIVERS

APAISEMENT

Vivons, l'âme fermée au tumulte des joies,
Et les pas retenus loin des bruyantes voies ;
La solitude est bonne et le silence est fier
Aux cœurs encor meurtris des souffrances d'hier ;
Il faut aux champs brûlés par d'ardentes rafales
Le souffle inaltéré des fraîcheurs matinales.

Ce n'est pas dans la foule et le bruit qu'il viendra
Le sympathique esprit qui nous consolera.
A l'heure la plus morne et la plus désolée,
Nous entendrons sa voix si longtemps appelée;
Nous sentirons sur nous sa pitié s'attendrir,
Et nous vivrons pour lui, nous qui voulions mourir!
Doux et réparateur, il n'a rien qui nous froisse;
Il a connu l'amour et subi son angoisse;
Il comprend le mystère et la beauté des pleurs,
Et vers nous l'a poussé le courant des douleurs;
Il sait la vie : il sait que beaucoup nous trahissent,
Que les plus chauds rayons se glacent et pâlissent,
Que sous d'altiers dehors se cachent des cœurs bas,
Qu'il faut n'aimer que ceux qui ne se masquent pas,
Et, tout saignants encor de passions sincères,
Avec simplicité souffrent de leurs misères.
On les devine : ils ont quelque chose d'inné
Dont leur front abattu reste encor couronné.
Et l'on sent, au sommet de ces hautes natures,
Comme à celui des monts, passer les brises pures!

Entre de pareils cœurs invincible est l'attrait;
Ils se sont mesurés et confondus d'un trait,

APAISEMENT

Et sur l'apaisement de tout ce qui les blesse,
Forte et consolatrice a germé leur tendresse.
Oh ! ce n'est plus l'amour, mais c'est mieux que l'amour
Vers les désirs troublés c'est un calme retour,
C'est l'ombre douce après les ardeurs de la route,
C'est la sécurité remontant sur le doute,
C'est l'écho de l'esprit, de l'âme et de la voix ;
Émus et confiants on se dit à la fois :
« Les voilà, les flots vrais de la source cherchée ;
« Pourquoi donc si longtemps nous fut-elle cachée ?
« Pourquoi s'être trouvés et reconnus si tard ?
« Que n'ai-je mis ma main dans la vôtre au départ ! »

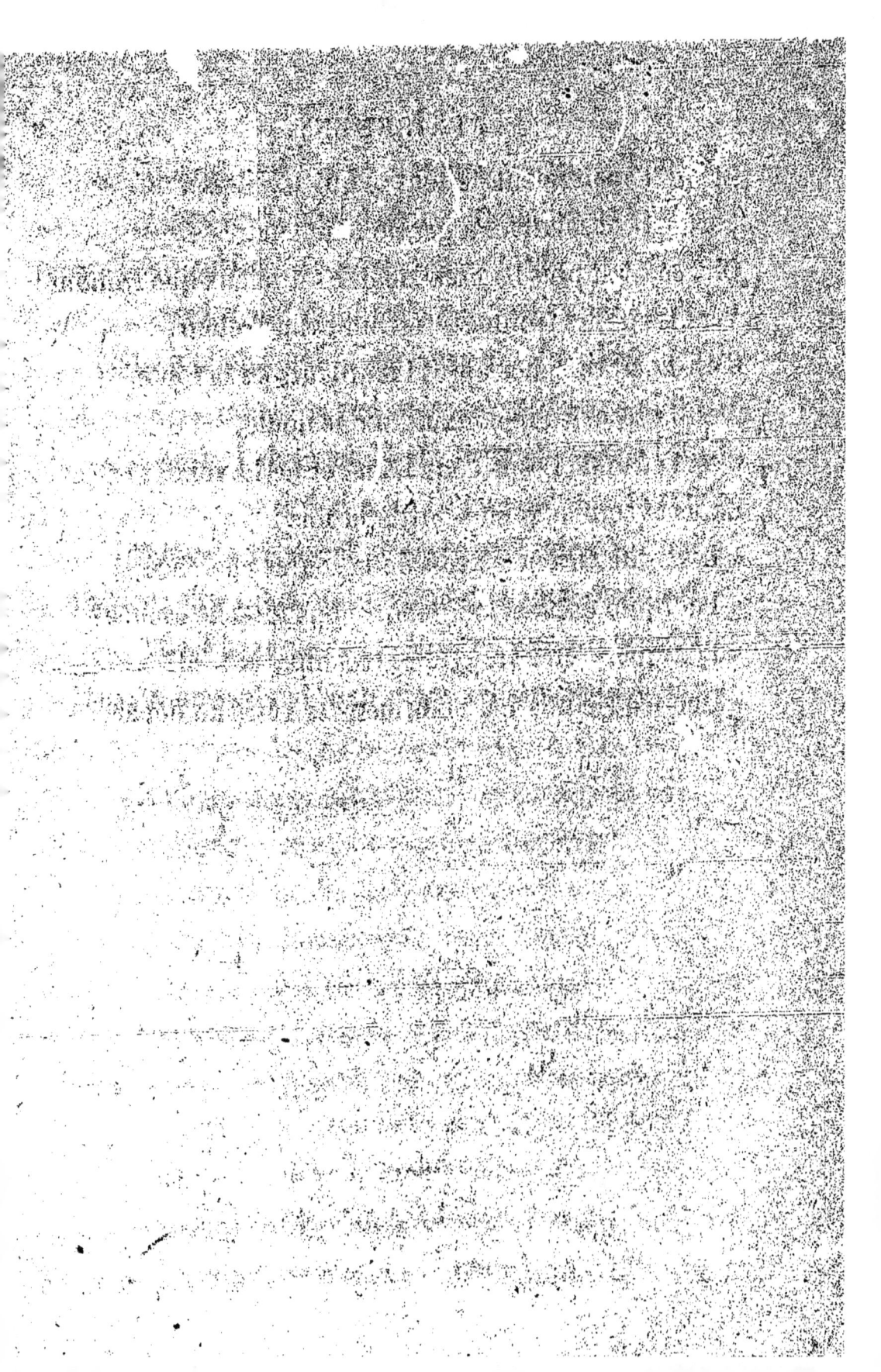

LA BOUQUETIÈRE DE MARSEILLE

ENVOI

A M. PATIN, DE L'ACADÉMIE FRANÇAISE

Nobles filles phocéennes,
Arle et Marseille ont, je crois,
Un peu de ce sang d'Athènes
Qu'envirait le sang des rois.

C'est pourquoi, dans cette idylle,
Ma bouquetière aux yeux bruns
A l'interprète d'Eschyle
Offre ses plus frais parfums.

LA BOUQUETIÈRE DE MARSEILLE

Pimpant jupon d'écarlate,
Étroit corset de velours ;
Dur chignon à triple natte
Luisant sous la coiffe à jours ;

Poires des pendants d'oreilles
A son cou se balançant,
Comme deux longues abeilles
Sur un rameau frémissant.

Chaîne d'or des fiançailles
Dont un cœur soutient la croix ;
Courts mitons à rouges mailles ;
Bagues craquant à ses doigts ;
Clair fichu de mousseline
Croisé sur un sein mouvant ;
Soulier bouclé, jambe fine,
La voilà sous son auvent !

La voilà, la bouquetière :
Sourcil net, œil querelleur,
Teint bis, mine printanière,
Dents blanches, lèvres en fleur ;
Taille souple qui se penche,
Bras ferme au duvet bruni,
S'arrondissant sur sa hanche
Quand son bouquet est fini !

La voilà comme enfermée

Parmi ses faisceaux fleuris

Dont l'enceinte parfumée

Lui compose des lambris :

Ce sont les blondes cassies,

Petits globes d'ambre clair,

Dont les houppes amincies

Sèment leur poudre dans l'air.

Les gerbes des tubéreuses,

Au correct et pur dessin ;

Les froides roses mousseuses,

Rondes comme un jeune sein ;

Le lis fier aimé des reines,

Les étoiles du jasmin,

Le riant cactus de Gênes,

Bouche humide de carmin ;

L'aloès qui se hérisse,

La jonquille au front penché,

Le doux oranger de Nice,

L'œillet pourpre et panaché ;

Chaque fleur coquette et fraîche
Court sous son pouce mignon.
Oh! comme elle se dépêche,
La bouquetière en renom!

Il faut des bouquets d'église!
Il faut des bouquets d'amant!
Le navire qu'on nolise
En pavoise son gréement.
Avant qu'il ne se hasarde
Sur la mer aux flots trompeurs,
A la Vierge de la Garde
Le nocher porte des fleurs.

Il faut à la mariée
La couronne en boutons blancs,
Qui le soir tombe oubliée
Aux premiers baisers tremblants;
A la jeune et belle morte,
Pâle et l'orbite profond,
Que, tête nue, on emporte,
Il faut sa guirlande au front.

Puis, à chaque boutonnière
De soldat ou de marin,
La fringante bouquetière
De muguet attache un brin.
Quand passe une femme enceinte,
Vite, elle lui fait cadeau
Du myrte ou de la jacinthe
Pour que son enfant soit beau !

Bouquetière, réjouie
Par la vie en plein soleil,
Sous ta paupière éblouie
Tu vois l'horizon vermeil :
Les lumineuses collines
Par-dessus les flots d'azur,
Qui de leurs saveurs marines
Imprègnent l'air vif et pur !

Sur la mer calme et polie,
Là-bas, le pesant vaisseau,
Dont la voile se déplie,
Glisse entre le ciel et l'eau.

D'autres, légers et rapides,
Au port vont s'amoncelant,
Et du balcon des bastides
On peut les voir défilant.

La campagne est murmurante
Des cigales dans les blés,
Et de l'harmonie errante
Des grands pins échevelés.
Une brise lente et chaude
Pèse sur les oliviers,
Et le lézard qui maraude
Frétille au tronc des figuiers.

De la rive, aux moissons jaunes,
Sous le soleil poudroyant,
Courent les bruits monotones
Des plages de l'Orient.
Le soir, les phares s'allument,
Par les eaux multipliés;
Au loin les montagnes fument
Comme d'immenses trépieds.

Aux cieux la zone lactée
Jette un long rayonnement ;
La mer à peine agitée
Réfléchit le firmament.
De chacun la tâche est close :
Femmes, enfants, matelots,
Mangent la pastèque rose
Et chantent au bord des flots.

Flots bleus, bouquetière accorte,
Doux parler, chant provençal,
Vers moi qui donc vous apporte,
Échos du pays natal ?
Triste, sous la brume grise,
Je rêve aux soirs du Prado,
Comme un proscrit de Venise
Se ressouvient du Lido.

_____

SAT MORITURO

A M. BABINET, DE L'INSTITUT

Elle est derrière nous, pâle, dans les décombres,
La Mort, qui va fauchant les générations ;
Dans le vide éternel elle pousse les ombres,
Elle étouffe les bruits, les cœurs, les passions.

La voilà, la voilà ! Déjà sa lèvre effleure
Les fronts adolescents où fleurit la beauté ;
Elle souffle sur l'âme, et sa trace y demeure
Comme celle du ver dans le fruit velouté.

Chaque jour à la vie elle prend une grâce,
Chaque jour elle enlève un cœur au sentiment ;
De ce qu'elle renverse et de ce qu'elle efface
Elle fait sous nos pas un sombre gisement.

Partout ossements froids, partout cendre muette,
Vase épaisse des mers et poussière des vents.
Le néant nous dissout, le néant nous rejette :
La terre a pris les morts, elle attend les vivants.

Dans des lueurs d'un jour l'homme, spectre qui passe,
Embrasse des foyers d'immuable clarté ;
Dans son étroite vie il enferme l'espace,
Atome, il se révolte, il veut l'immensité.

Il veut de son destin agrandir le domaine,
Et voir des cieux fermés les horizons s'ouvrir ;

Il oublie, insensé, la parole romaine :
Assez, assez pour toi, pour toi, qui dois mourir !

Assez des visions que ton orgueil t'a faites ;
Ta gloire, écho mortel, comme toi doit périr ;
Tes désirs inquiets, tes amours imparfaites,
Sont assez pour ton cœur, puisque tu dois mourir.

Sur les serments d'un jour, sur la foi parjurée,
Sur chaque espoir qui meurt pourquoi nous attendrir ?
L'homme a des sentiments qui vont à sa durée
Les rameaux sont frappés, et l'arbre doit mourir.

L'œil le plus radieux, la lèvre la plus pure,
Le corps le plus divin, brillent pour se flétrir ;
Toute forme succombe, et chaque créature
Souffre et meurt dans sa chair avant que de mourir.

2.

II

La vierge s'est éveillée,
Front joyeux, sein palpitant ;
De blancs tissus habillée,
Elle va... l'époux l'attend.
L'église est tout embaumée,
L'autel est tout éclairé :
Comme elle se croit aimée !
Comme il se sent adoré !

. . . .
. . . .

Elle n'est plus revêtue
De son habit rayonnant;
Sous l'angoisse qui la tue
Elle est pâle maintenant.
La douleur, brisant ses rêves,
L'abandonne au sort moqueur;
Ses souvenirs sont des glaives
Qui lui déchirent le cœur.

L'amour a trahi la femme,
Et l'enfant candide et beau,
Dernier rayon de son âme,
S'est éteint dans son berceau.
Ses petites dents perlées
Qui souriaient si gaîment,
La mort les a défilées
Avec un ricanement.

La maison est morne et vide,
Vide est le cœur maternel;
Il se ressouvient, avide,
De son mirage mortel :

Oh ! les extases passées !
Oh ! l'amour qu'on ressentit !
Oh ! les jumelles pensées !
Qui donc vous anéantit ?

Hélas ! tout se décompose,
Chaque horizon se ternit ;
Homme, sentiment et chose,
Tout s'altère, tout finit.
« Assez ! » dit la Mort qui passe,
Et sur le front du martyr
Imprime sa main de glace :
« Assez pour qui doit mourir ! »

LIED

La nature est gaie,
Le ciel rit dans l'eau,
En fleur est la haie,
Vert est le coteau.

Le joli village
Dont fument les toits
Se baigne au rivage
Et dort sous les bois.

La brise frissonne
Aux champs assoupis,
Et la moisson jaune
Courbe ses épis!

Blanche de poussière,
La route s'étend;
Là-bas l'hôtelière
Sur sa porte attend!

Elle se rappelle
Un couple d'amants
Qui, l'été, chez elle,
Venait tous les ans.

Elle croit entendre
Leur rire joyeux;

Voir le regard tendre
Qu'échangeaient leurs yeux.

Sous sa verte ombrelle
Et son frais chapeau,
Comme elle était belle!...
Comme il était beau!

Aux bords des ravines
Ils marchaient le soir,
Ou sur les collines
Ils allaient s'asseoir.

Puis ils rentraient vite,
Souriants, heureux,
Dans leur petit gîte,
Doux nid d'amoureux.

Leurs voix confondues,
Harmonieux bruit,
Étaient entendues
Parfois dans la nuit.

Sous la porte close
S'échappaient, furtifs,
De leur lèvre rose
Les baisers trop vifs.

Leur étroite chambre
Est vide aujourd'hui;
On touche à novembre,
L'été s'est enfui.

La brise est plus fraîche,
La brume revient.
Qui donc les empêche?
Qui donc les retient?

L'hôtelière en peine
Rêve tristement;
Son cœur la ramène
Vers ce doux roman.

Ils n'ont fait connaître
D'eux que leur amour...

« Morte elle est peut-être? »
Se dit-elle un jour.

Ah ! garde ton doute...
Les étés fuiront...
Jamais sur la route
Ils ne reviendront !

———

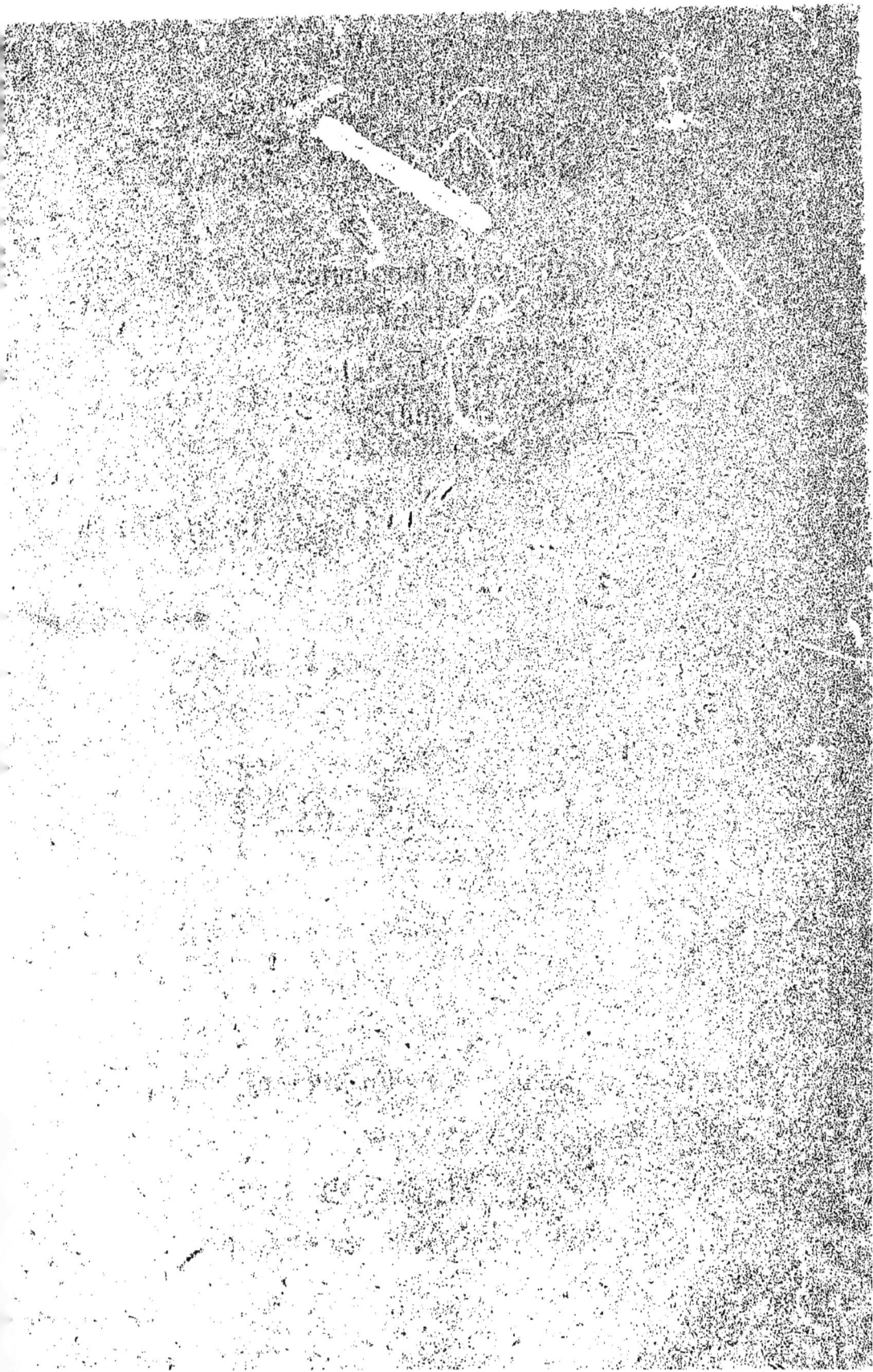

LA DERNIÈRE FIBRE

Oh! sombre étonnement d'un cœur qui s'est donné,
Quand il découvre un jour qu'il a prêté lui-même
Au front de l'être aimé l'idéal diadème
        Dont il fut couronné!

La générosité, la fierté, le génie,
Tout ce qui le fit grand disparaît sans retour.
Son prestige n'était, oh! tristesse infinie,
        Qu'une erreur de l'amour!

Quoi! rien dans ce foyer où l'on mit tant de flamme!
Quoi! du vase sacré le parfum s'est perdu!
Rien! plus rien!... chaque fois que l'on frappe à cette âme
        Le vide a répondu!

Pas même une lueur de ses jours de lumière;
Il les a regardés décroître et se ternir...
L'inerte fossoyeur s'assied au cimetière
        Pour voir les morts venir!

Lui s'est assis, distrait et la paupière sèche,
Sur les doux souvenirs qu'ont écrasés ses pieds:
Ainsi le fossoyeur vous brise sous sa bêche,
        Pauvres morts oubliés!

Au monde il a jeté cette cendre importune,
L'insultant, chaude encor, de ses ricanements,

Comme le fossoyeur dans la fosse commune
  Jette les ossements.

Pourtant vous conteniez, poussière profanée,
Des extases d'orgueil qu'il ne goûtera plus;
Morne et seul, il verra passer l'ombre obstinée
  De ses beaux jours perdus.

Il entendra les cris et les battements d'ailes
Du spectre de l'amour qu'il a fait s'envoler,
Et les voix du passé, dans ses nuits infidèles,
  Reviendront l'appeler!

Il voudra s'élancer... ressaisir une image,
Ressusciter un cœur... Mais il sera trop tard
Et sur lui tombera du pâle et doux visage
  Un accablant regard!

Avoir été l'autel, avoir été le temple,
Avoir été le dieu qui se sent adoré!
Et se voir tout à coup par l'œil qui nous contemple
  Froidement mesuré!

Comprendre que le cœur qu'on a percé d'un glaive
Se souleva saignant et nous a rejeté !
Être, pour qui l'on fut la lumière et la séve,
    La mort, l'obscurité !

Penser que ce cœur fier qu'on put longtemps soumettre,
S'écriait devant nous, rempli d'un sombre effroi,
Méconnaissant le dieu, méconnaissant le maître :
    « Va-t'en ! ce n'est pas toi ! »

Voilà le châtiment qui flagelle et qui tue,
Quoique l'on soit debout, quoique l'on soit vivant ;
Un ver intérieur ronge l'âme abattue,
    Qui va se dissolvant !

MÉDAILLONS

Aux grandes toiles carrées
A l'équerre mesurées
Je préfère, pour ma part,
Tout ce qu'en cercle on burine,
Paysage ou figurine,
S'arrondissant au regard :

Tête blonde, fraîche joue,
Petit golfe où le flot joue,
Épagneul au fin museau,
Amours aux ailes nacrées,
Jeunes bergères poudrées
Des ovales de Watteau ;

Fleurs et fruits dans les rosaces,
Entrelacement des Grâces,
Par Van Huysum et Vanloo ;
Tourterelle rose ou bleue,
Lissant sa gorge et sa queue,
Par Boucher mise en trumeau ;

Eaux vertes dans les ténèbres,
Cieux zébrés, plages funèbres,
Squelettes, blancs bataillons
Que pousse la mort active,
Peints par Holbein en ogive,
Ou cintrés en médaillons.

DÉPART

La Tamise coulait, large et silencieuse.
C'était par une chaude et pâle nuit d'été.
Les étoiles versaient leur blancheur nébuleuse
Sur la Tour, vieux donjon de la vieille cité.

Quelques éclairs, ainsi que de mornes sourires,
Se croisaient dans les cieux sans les illuminer ;
Aucun vent ne gonflait les voiles des navires,
Et l'on n'entendait pas leurs agrès frissonner.

Mais, comme on aperçoit au-dessus d'un bois sombre
Les cimes des rameaux se dessiner dans l'air,
Les mâts, les pavillons, les cordages sans nombre,
Se découpaient en brun sur le laiteux éther.

La nuit enveloppait les ponts et les carènes,
A peine y voyait-on des ombres se mouvoir.
Les plages s'éclairaient ainsi que des arènes :
Le haut en était blanc, le bas en était noir.

Le silence planait sur le désert des rues,
Les passants attardés sans bruit rasaient le sol,
Et les heures, pour l'homme à jamais disparues,
Sourdes, retentissaient aux cloches de Saint-Paul.

Parfois sur l'onde obscure errait une lumière,
La vague palpitait sous un clapotement ;

Et les barques aux yachts, dont bouillait la chaudière,
Portaient de voyageurs un muet chargement.

Une frêle chaloupe avait pour passagère
Une femme debout, entourant de son bras
Sa fille, belle enfant, en qui renaît la mère,
Frais rameau qui du tronc ne se sépare pas.

Au-dessous d'un vaisseau d'où sort la vapeur blanche,
La chaloupe s'arrête. — Un sanglot étouffant
Alors part tout à coup d'un homme qui se penche,
En saluant la mère, en embrassant l'enfant :

« Adieu! disait la voix, et que le ciel vous garde. »
L'enfant répète : « Adieu! » L'étranger triste et doux
L'embrasse de nouveau, la mère le regarde...
« Adieu, madame, adieu! de moi souvenez-vous ! »

Et, lorsque le pilote inclina sa lanterne
Et leur tendit la main pour les hisser à bord,
Le pâle abandonné, que ce départ consterne,
Sentit courir en lui le frisson de la mort.

Dans la ville brumeuse il les a rencontrées ;
Il fut durant un mois l'ombre de leur beauté !
Pauvre artiste venu de lointaines contrées,
Le voilà seul encore au hasard rejeté.

Elles partent ce soir, laissant son âme emplie
Du secret douloureux qui s'échappe à demi ;
Et bientôt (tout s'efface, hélas ! tout se délie !)
Elles l'oublîront, lui, qui fut presque un ami.

Non, le cœur se souvient ; il a ses heures sombres :
Ceux que nous aimons trop nous trahissent un jour ;
Alors, nous appelant, passent les douces ombres
De ceux qui nous aimaient en taisant leur amour.

A MONSIEUR LOUIS BOUILHET

Ami, quand vous êtes triste
Des tristesses de l'artiste
Dont on entrave l'essor ;
Triste des livres sans nombre,
Noirs bourdons plongeant dans l'ombre
Chaque abeille aux ailes d'or;

Triste de l'art qu'on proclame,
Fumée étouffant la flamme,
Nuage cachant le jour,
Mêlée où le brave plie,
Faux culte où la foi s'oublie,
Débauche où se perd l'amour;

Vous dites : « Le vrai poëte,
« Prêtre austère, fier prophète,
« N'aime que le Dieu qu'il sert ;
« Et, dédaigneux de la gloire,
« Monte sur sa tour d'ivoire,
« Et chante dans le désert !

« Il se recueille, il s'isole,
« Sa foi met dans sa parole
« L'inaltérable beauté;
« Et, si le siècle l'ignore,
« Tranquille, il pressent l'auror
« De son immortalité! »

— Oui, saine est la solitude,
Mais après l'épreuve rude

Et le malheur véhément.
La mer, qui dort radieuse,
Hier grondait tumultueuse...
Notre âme est un élément.

Elle est une part du monde.
Le mouvement la féconde.
Vivons dans l'humanité,
Creusons sa source infinie;
L'isolement du génie
Serait sa stérilité ! —

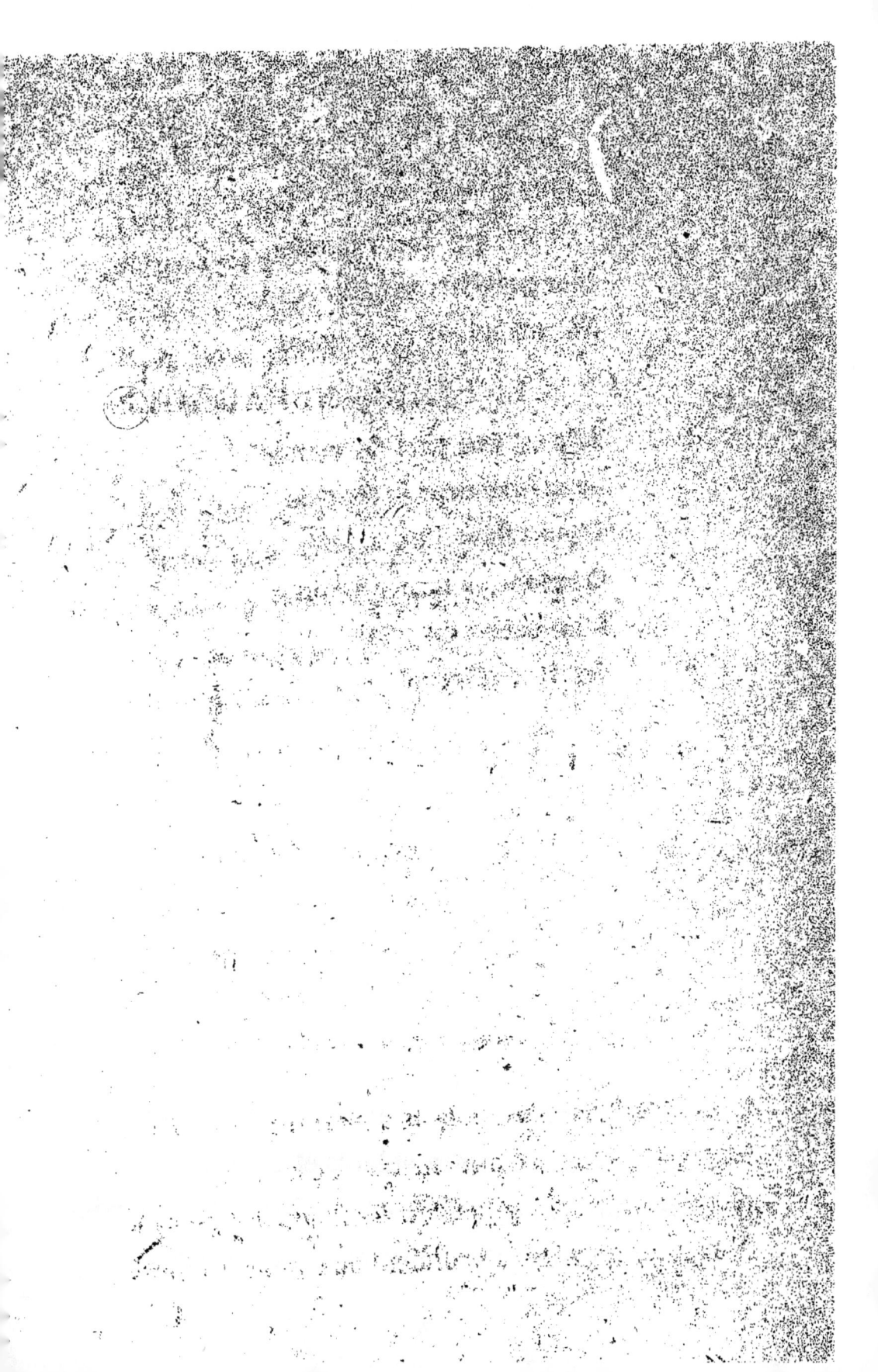

LES CLOITRES ESPAGNOLS

A M. MIGNET, DE L'ACADÉMIE FRANÇAISE

I

Grands cloîtres espagnols aux marbres en arcades,
De myrthe et de jasmin enlacés et couverts,
Préaux aux blancs piliers où les fleurs des grenades
Comme de gros rubis brillaient aux rameaux verts;

4.

Bassins ronds au milieu des fraîches cours mauresques,
Où la croix de Jésus baignait son pied dans l'eau ;
Chapelles qui voyaient sourire sur leurs fresques
Les Vierges à l'œil doux du tendre Murillo ;

Horizons radieux où la flamme circule,
Éther bleu, mer d'azur confondus à leur bord ;
Effluves qui, passant dans la froide cellule,
Faisaient rentrer la vie où l'on cherchait la mort !

Grands cloîtres espagnols, ô retraites sereines,
Qu'inondait le soleil, que parfumaient les fleurs,
On vous eût pris plutôt pour des palais de reines
Que pour l'austère abri du néant et des pleurs !

Pourtant, malgré vos bois où jouait la lumière,
Malgré vos claires eaux, cloîtres longtemps sacrés,
Sous la calme blancheur de vos arceaux de pierre,
Vous avez abrité des cœurs désespérés.

Vous avez abrité, clémentes solitudes,
Où sur chaque néant planait l'éternité,

Tous les profonds dégoûts, toutes les lassitudes,
Que par l'âme et la chair ressent l'humanité !

Vous avez abrité cet amour dont les laves
Ont de sainte Thérèse incendié le cœur,
Et vous avez soumis aux divines entraves
Une âme de César, un sceptre d'empereur !

II

Durant vos chaudes nuits, oh ! que vous disait-elle,
Montagnes de Castille, ombrages d'Avila,
Cette amante du Christ, si touchante et si belle,
Qui, brûlante d'amour, pour Dieu seul en brûla ?

Quand une brise ardente agitait ses longs voiles,
Quand vibraient sur les monts les bois harmonieux,

Oh ! que vous disait-elle, impalpables étoiles,
Qui, comme des yeux d'ange, alliez chercher ses yeux ?

Au bruit des soirs d'été prêtait-elle l'oreille?...
Les mules en courant secouaient leurs grelots,
Les villageois riaient et dansaient sous la treille,
L'air était plein de flamme et d'amoureux échos.

Dans les sentiers ombreux fuyaient les tarentelles,
Puis on n'entendait plus les pas mystérieux...
Tressaillait-elle alors de nos amours mortelles,
Et son regard troublé s'abaissait-il des cieux?

Non, non, elle suivait dans la calme étendue
Chaque astre, qui semblait un lumineux degré ;
Et, le corps frémissant, radieuse, éperdue,
Elle tendait les bras à son époux sacré !

Comme il resplendissait sous sa robe flottante,
Oh! comme il était beau, le Dieu pur des chrétiens!
De son bleu paradis il entr'ouvrait la tente,
Et son sourire aimant semblait lui dire : « Viens! »

III

Dans sa chambre funèbre à la noire tenture,
Étendu sur son lit au sombre baldaquin,
Quand il veillait la nuit, monts de l'Estramadure,
Avez-vous écouté l'âme de Charles-Quint?

A la faible lueur de la lampe nocturne,
Plus pâle agonisait le grand Christ du Titien;
Alors se ranimait l'empereur taciturne :
Le supplice d'un Dieu semblait calmer le sien.

Il regardait mourir sa fière destinée...
L'esprit a survécu, mais le corps se dissout,

Une épée est pesante à sa main décharnée,
Et le sceptre trop lourd n'y tiendrait plus debout.

Pour cacher son déclin il a caché sa vie,
Dans la tombe du cloître il va s'ensevelir,
Et sur la terre encor de sa course éblouie,
Il consent à s'éteindre, il ne veut point pâlir !

Étendards déployés, belliqueuses phalanges !
Victoires ! roi captif ! ennemi désarmé !
Clairons retentissants ! fanfares des louanges !
Globe de Charlemagne en sa droite enfermé !

Lauriers, bandeau royal dont sa tête fut ceinte,
Pouvoir qui le fis fort, gloire qui le fis grand !
Qu'êtes-vous désormais pour sa vigueur éteinte ?
Empire ! qu'êtes-vous pour le moine mourant ?

Il s'assied au soleil sur la blanche terrasse,
Où se penche vers lui l'ombre des citronniers !...
Pour qui donc bat ce cœur, dans ce corps qui se glace ?
Où s'en vont ce sourire et ces regards derniers ?...

Ils vont vers cet enfant qui court dans les campagnes,
Vers ce beau don Juan en qui germe un héros,
Qui franchit les torrents, qui gravit les montagnes,
En se riant des rocs, en se jouant des flots!

Cet enfant, c'est l'écho qu'il laisse dans le monde,
C'est l'enivrant parfum des dernières amours,
C'est le sang printanier de cette vierge blonde
Dont la flamme fondit la neige de ses jours!

Pauvre Barbe Blumberg!... Comme son sein palpite
Quand ton fils aux yeux bleus passe sous son regard!...
De ce Faust couronné tu fus la Marguerite,
Et tu souris encor dans l'âme du vieillard.

_____

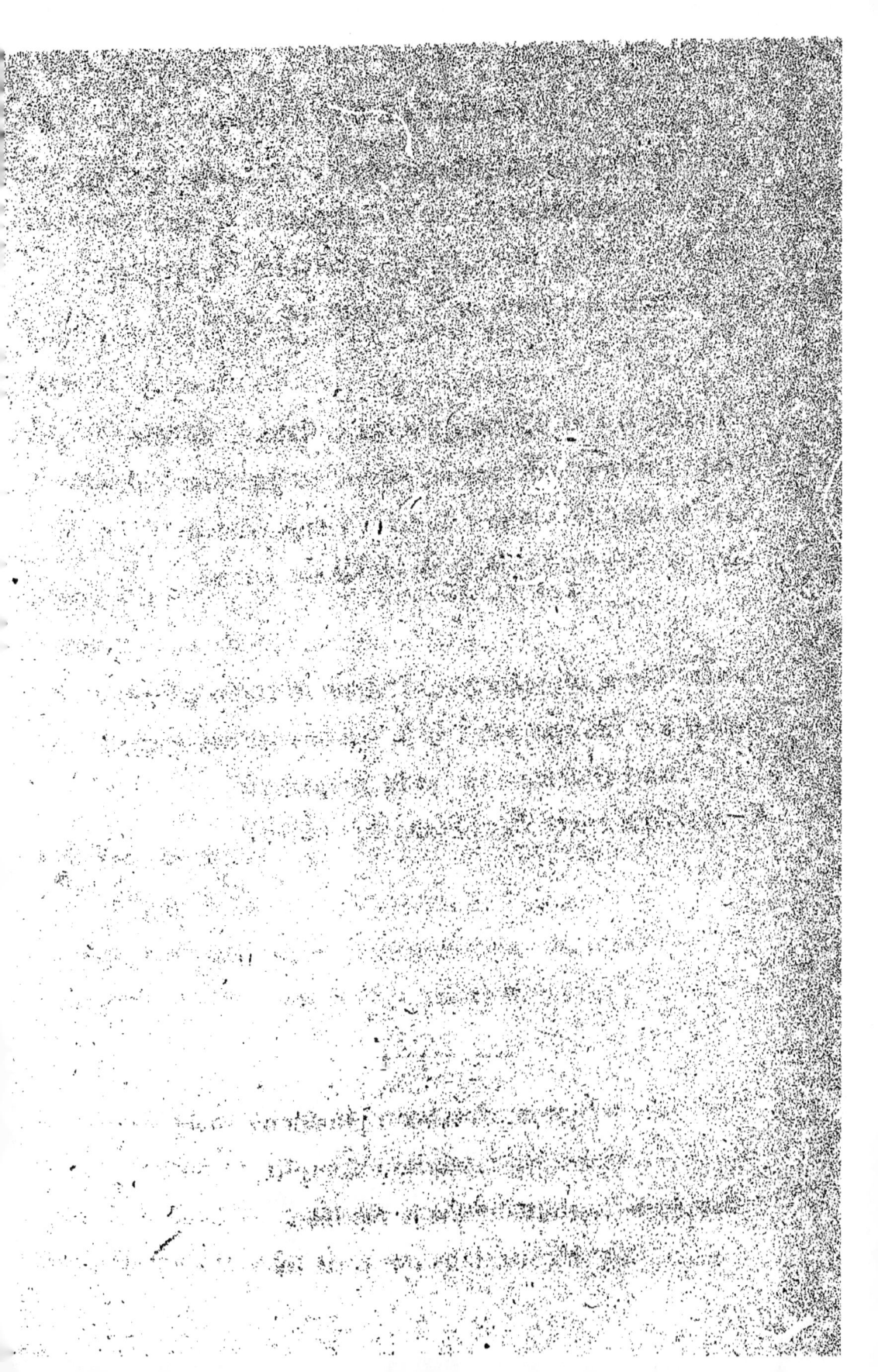

MA FILLE

T'avoir là toujours, c'est mon plus doux rêve;
Du bruit de tes pas la maison s'emplit;
Et lorsque tu dors la nuit je me lève
Pour te voir dormir dans ton petit lit.

Sur ton oreiller ton cou frais se penche,
Du drap rabattu tu sors ton bras rond,
Ton visage rit sur la toile blanche,
Tes cheveux dorés caressent ton front.

Sous tes longs cils bruns ton œil bleu se voile,
Parfois entr'ouvert sur ta joue il luit;
Ainsi doucement scintille l'étoile ...
Que recouvre au ciel un pli de la nuit.

Sur ta bouche rose aux belles dents claires
Ton souffle d'enfant court suave et doux,
Comme du printemps les brises légères
Effleurent les flots sur de blancs cailloux.

De ton joli corps sous ta couverture
Plus souple apparaît le contour charmant :
Telle au Parthénon quelque frise pure
Nous montre une vierge au long vêtement.

Quand vient le matin c'est toi qui m'éveille
Avec ton doux rire et tes chants joyeux;

Je sens sur mon front tes lèvres vermeilles,
Et pour les rouvrir tu baises mes yeux.

Nous mêlons nos soins : tendre, tu m'habilles,
J'entoure ton front de tes longs cheveux,
Et des frais tissus chers aux jeunes filles
J'ajuste sur toi les plis onduleux.

Bientôt le travail te charme et t'invite,
Tu me lis tout haut tes livres choisis,
Et ta voix s'arrête ou se précipite
Comme fait ton cœur suivant les récits.

Sans souci de plaire et d'être applaudie
Tu t'assieds parfois, rêveuse, au piano,
Et sous tes doigts blancs court la mélodie,
Ainsi qu'au printemps gazouille un oiseau.

Je pose une fleur sur ta tête d'ange,
Tu danses, tu ris, nous allons au bal ;
Et je suis heureuse à chaque louange
Qu'attire en passant ton air virginal.

Mais nos meilleurs soirs, ceux que je préfère,
Ce sont les longs soirs qui sont tout à nous :
Les volets sont clos, la lampe t'éclaire,
Auprès du foyer tu brodes, je couds.

Et nous nous mettons à parler ensemble
Des êtres aimés qui ne sont plus là ;
Notre souvenir ranime et rassemble
Leur cœur qui battit, leur voix qui parla.

Et nous leur prêtons la joie ou la peine
Qui s'agite en nous, et nous nous disons
Que là-haut leur âme erre plus sereine,
Et sent notre amour quand d'eux nous causons.

Comme te voilà grande et sérieuse !
Chacun te sourit et t'envie à moi :
Je rêve et me dis : Sera-t-elle heureuse ?
Et, me souvenant, je pleure sur toi !

L'œil émerveillé, les lèvres émues,
Une jeune fille aux fraîches couleurs

Est comme un bel arbre aux branches touffues
Qui brille au printemps tout chargé de fleurs.

Le soleil y luit, les nids y murmurent,
A tous ses rameaux des fruits sont promis;
Tièdes et cléments les cieux le rassurent :
Les vents furieux se sont endormis.

Mais voici qu'un soir gronde le nuage,
L'ouragan du nord roule menaçant,
Et les blanches fleurs et le vert feuillage
Et les nids joyeux vont se dispersant.

Ah! quand soufflera la tourmente amère,
L'orage caché dont rien ne défend,
Faites-le, mon Dieu, tomber sur la mère,
Et sous votre main abritez l'enfant!

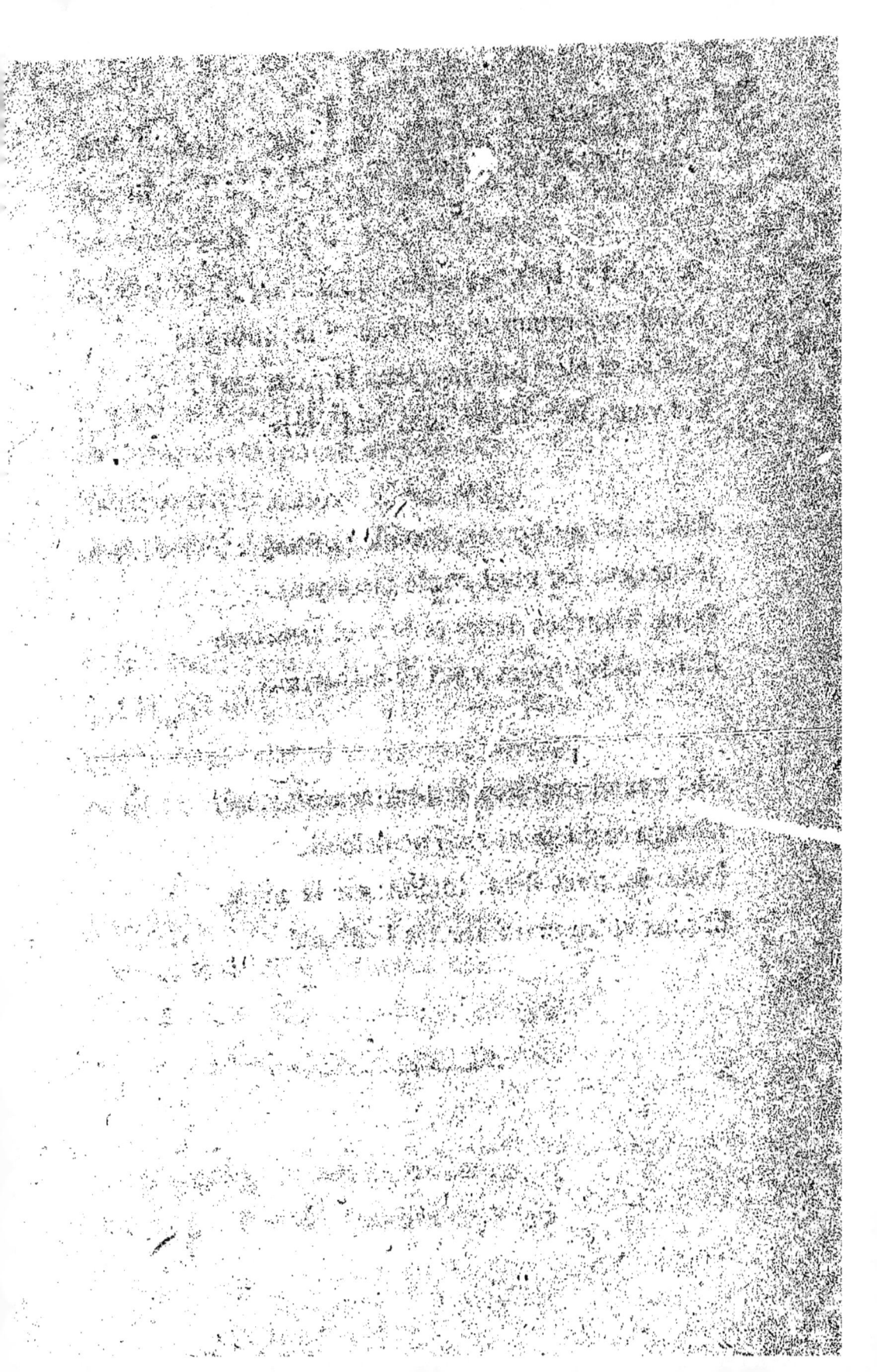

ADORATION

La lune mollement illuminait les nues,
Par la fenêtre ouverte entrait son jour tremblant ;
Une femme était là : sur ses épaules nues
En long plis sinueux flottait un bornous blanc.

Ses cheveux, déroulés parmi la draperie,
De leur ombre mouvante en creusaient le contour ;
Son visage, où passait sa pure rêverié,
Souriait à la nuit, souriait à l'amour.

Dans le reflet nacré dont s'éclairait la chambre
Ne vibrait que le bruit de son souffle, et parfois
Le petit craquement des deux bracelets d'ambre,
Qui, sous ses bras croisés, venaient frôler ses doigts.

La beauté de l'éther avait la transparence,
Et rayonnait en blanc sur le mur obscurci !
Tout à coup une voix, traversant le silence,
Suppliante, lui dit : « Oh ! reste, reste ainsi !

Oh ! que je te contemple ! oh ! demeure immobile ;
Pour m'attirer à toi n'entr'ouvre pas tes bras.
Dans ta divinité sérieuse et tranquille
Laisse-moi t'adorer ; reste, ne parle pas !

Si d'autres te voyaient comme je t'ai surprise,
Calme avec ta belle âme empreinte à ton beau front,

« Oh ! comme ils comprendraient que je te divinise !
« Comme ils seraient jaloux de mon amour profond !

« Jaloux de l'œil qui voit ta grâce et la savoure,
« Du pas qui suit tes pas, du cœur qui lit en toi,
« Du souffle qui t'effleure et du bras qui t'entoure,
« Jaloux de mon bonheur ! jaloux, jaloux de moi ! »

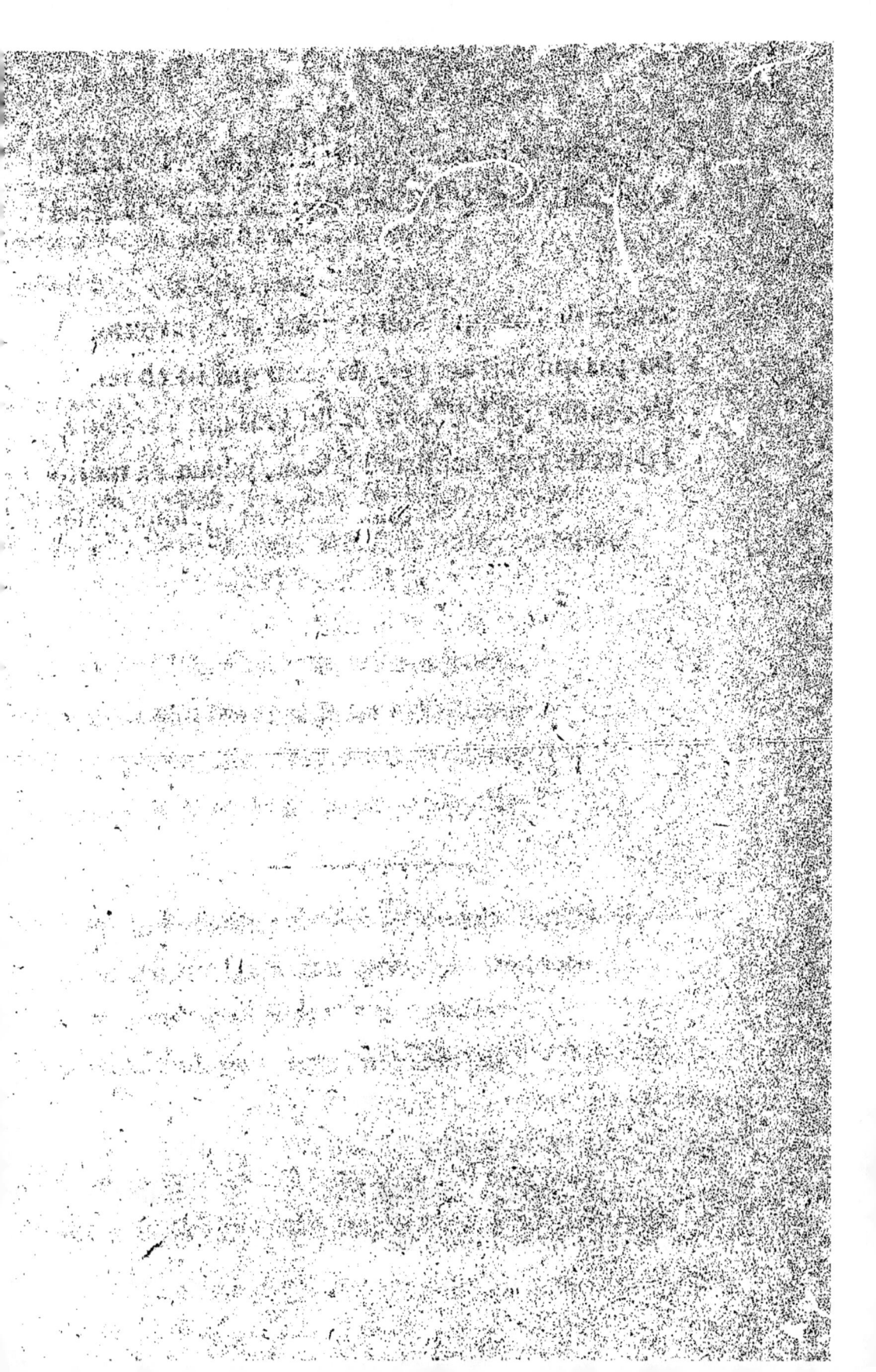

PAYSAGE ET AMOUR

Oui, pour notre vieillesse, il sera beau, ce jour
Tout rayonnant de paix, de soleil et d'amour :
Ensemble nous marchions en face de cette île
Que le fleuve indolent baigne d'un flot tranquille ;
Les peupliers dans l'air frissonnaient mollement
Et miraient dans les eaux leur long balancement.

Sur les grands prés fleuris en pente jusqu'aux rives,
Les bœufs paissaient le long des ondes fugitives ;
Des enfants demi-nus, un bâton à la main,
Les suivaient ; et tous deux, sur le bord du chemin,
Nous passions, nous montrant de la voix et du geste
La campagne riante et le village agreste,
L'église qui s'élève au-dessus d'un rocher,
Découpant dans l'azur son gothique clocher.
Aucun bruit n'en sortait quand nous la traversâmes ;
Sur la pierre à l'écart priaient de pauvres femmes ;
Comme sur un tombeau par le temps crevassé,
La mousse et le lichen pendaient du mur glacé ;
Mais au dehors la vie éclatait, la lumière
De son fluide d'or baignait la plage entière,
Inondant les coteaux, d'où les rocs blancs et ronds
S'élancent vers le ciel comme de vieux donjons.
Nous allions, côtoyant le fleuve et les collines,
Le cœur tout dilaté d'émotions divines.
Du grand parc murmurant le parfum tiède et doux
Traversait le rivage et montait jusqu'à nous.
Riants étaient nos fronts autant que la nature ;
Jamais pensers meilleurs et tendresse plus sûre,
Jamais mots et regards de tout doute vainqueurs
En un cœur radieux n'ont mieux fondu deux cœurs.

Oh ! comme j'étais fière à ton bras suspendue !
J'encadrais mon bonheur dans la calme étendue ;
Je mariais les sons adorés de ta voix
Aux bruits qui s'élevaient des ondes et des bois ;
A la création merveilleuse, infinie,
J'associais ta force et mêlais ton génie ;
Te sentant grand et bon resplendir sur ce jour,
Ainsi qu'un dieu caché visible à mon amour.

Quelle sérénité, quelle heure sans nuage,
Jusqu'à ce pont jeté dans le frais paysage,
Où deux femmes en deuil passèrent lentement
Comme pour attrister notre ravissement !

Oui, la mort suit nos pas ! oui, son ombre est prochaine,
Le néant nous gourmande et nous rive à sa chaîne ;
Mais l'amour, oh ! l'amour à ce point ressenti
Dans la tombe avec nous n'est pas anéanti ;
Il renaît, il revit dans la nature en fête ;
Le parfum s'en empreint, le rayon le reflète,
Dans l'haleine des bois il court mélodieux,
C'est lui qui circulait dans ce jour radieux,
Où tout faisait cortége à l'hymen de nos âmes,

Tiédeur de l'air, soupirs des eaux, couchant de flammes !
Splendeur, extase, joie ! à ce beau jour venaient
Des âmes qui planaient et se ressouvenaient.

juin 1853

DÉCEMBRE

Un vent mystérieux nous pousse à l'inconnu,
De nos cieux assombris disparaît chaque étoile;
Rapide tisserand qui se hâte à sa toile,
Le temps se précipite et le terme est venu.
C'était hier encor que notre douce mère
Autour de ses doigts blancs enroulait nos cheveux,

Calmait de ses baisers notre plainte éphémère,

Et caressait le songe où s'envolaient nos vœux.

C'était hier : la terre en robe purpurine

Mêlait sa fraîche haleine au printemps de nos cœurs,

Et nos premiers transports de tendresse divine

Aux brumes des vallons dansaient en légers chœurs.

Oh! la suavité des naissantes délices,

Quand l'âme est attirée aux saveurs du désir,

Comme la blonde abeille aux parfums des calices!

Oh! le monde à savoir! l'idéal à saisir!...

L'amour nous illumine et Dieu nous accompagne,

On plane impatient d'air et d'immensité,

Puis, les cieux entrevus, on descend la montagne,

Tout est sombre au versant, tout est aridité.

Des pures visions le rayon se retire,

Les sommets ont fléchi comme des sables mous;

Ce n'est plus à l'espoir que l'on nous voit sourire,

C'est à nos souvenirs flottant derrière nous.

Les larmes ont terni la fleur de nos années

Comme l'orage aux fruits enlève leur duvet.

Voici venir le temps des heures consternées,

Solitude au foyer et spectres au chevet.

Notre deuil s'éclaircit de lueurs fugitives,

Les caresses d'enfants, leurs regards éblouis,

Font monter dans nos cœurs comme les voix plaintives
Des jours insoucieux si vite évanouis.
Nous passons, nous passons, et la mort nous emporte,
Quand tout est froid en nous, quand déjà l'âme est morte ;
Ainsi le bûcheron prend sur son dos courbé
Le bois dont le feuillage en automne est tombé !

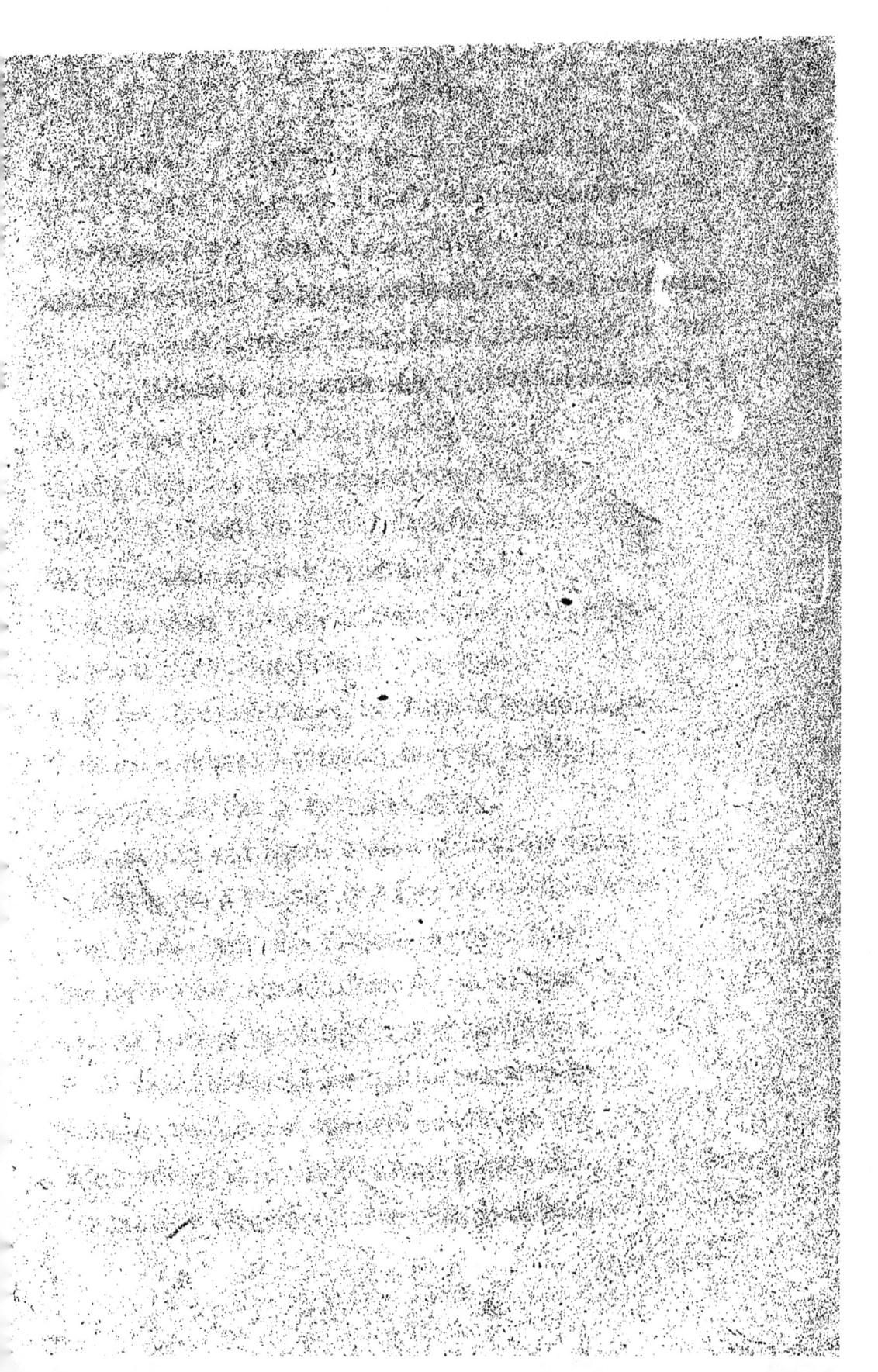

LES FANTOMES

I

Que faites-vous des anciennes amours?
Les chassez-vous comme des ombres vaines?
En y pensant, n'avez-vous pas toujours
Comme un frisson qui vous court dans les veines?

Ils ont été, ces fantômes glacés,
Cœur contre cœur, une part de vous-même,
Ils ont frémi dans vos bras enlacés,
Ils vous ont dit ce mot sacré : Je t'aime !

Ils ont senti, ne fût-ce qu'une nuit,
Leur être ému se confondre à votre être ;
Et Dieu lui-même a recueilli le bruit
De vos baisers dont une âme a pu naître.

Que faites-vous de chaque souvenir,
Spectres moqueurs, ou larves désolées?
Évoquez-vous ces ivresses mêlées
Pour les pleurer, les plaindre ou les bénir?

II

Avec dédain souriant, mais l'œil sombre,
Écho de tous un homme répondit :
« Dans son désert quel lion sait le nombre
« Des grains de sable où son flanc s'étendit ?

« Depuis l'Éphèbe aux formes déliées,
« Jusqu'au vieillard que la mort vient courber,
« Qui de nous sait les femmes oubliées
« Que dans nos bras le hasard fit tomber ? »

Larmes, dégoûts des caresses vendues,
Voix des douleurs dans le plaisir criant,

Remords, pitiés, des âmes éperdues,
On vous étouffe en vous multipliant.

L'arbre jauni que le vent découronne
Voit s'effeuiller ses rameaux sans douleur,
Et l'homme ainsi vous chasse de son cœur,
Pauvres amours, tristes feuilles d'automne.

III

Elle était pâle et morne un soir d'été;
Les cœurs de femme ont aussi leurs fantômes;
Entre l'éther à la molle clarté
Et la campagne aux enivrants aromes,

Elle voyait passer silencieux
Le défilé des images aimées,

Marchant vers elle et les yeux sur ses yeux,
Lui rappelant les heures enflammées

Leurs bras tendus semblaient la ressaisir;
Ce n'étaient point ces ombres effacées
Que l'homme entasse et confond à plaisir;
C'étaient des voix, des regards, des pensées.

C'était l'amour! ce fantôme espéré
Qu'attend la vierge et qui déçoit l'épouse,
Toujours, toujours sa vision jalouse
A fui son cœur après l'avoir navré.

Mais elle aima; sa douleur véhémente
Devint pardon; l'amour s'est transformé;
Dans sa pitié, qui change en sœur l'amante,
Elle les plaint de n'avoir pas aimé.

Comme une eau vive à la lèvre altérée
S'offre tranquille et sans troubler son cours,

Dans sa douceur sa tendresse épurée
Voudrait s'offrir pour rafraîchir leurs jours.

Comme un beau chant répand son harmonie,
Comme un calice exhale son parfum,
Elle voudrait de sa paix infinie
Faire monter le calme vers chacun.

Être la rive ombreuse des vallées
Qui nous charma, vers laquelle on revient,
Et recueillir ces âmes envolées
Au doux abri d'un cœur qui se souvient.

HERMANCE

CONTE D'HIER

I

Simplicité cache esprit et raison ;
Commençons donc comme on eût fait naguère,
Sans grand lyrisme et sans comparaison.
Disons d'abord qu'Hermance avait pour père

Un duc d'Hosbourg, dédaigneux de la guerre,
En bon bourgeois gouvernant sa maison.
Ce n'est pas bon qu'il aurait fallu dire,
Car la bonté des princes allemands
Est un conflit de divers éléments.
Mais un Landgrave échappe à la satire :
Un prince n'a que des vices charmants.
Aussi j'indique, en courant, sans médire,
Ses mœurs de moine irascible et dispos,
Ses dehors francs doublés de fourberies.
S'il redoutait la guerre et ses tueries,
Ce n'était pas qu'il aimât le repos :
Mille discors, mille tracasseries,
Dans son palais grondaient à tout propos ;
De chaque page il tançait la conduite ;
Sur l'étiquette il gourmandait sa suite ;
Vain, glorieux, et ladre cependant,
Il disputait avec son intendant.
Obèse, lourd, à la mine jésuite,
Pour le plaisir il était très-ardent.
Dans son grand lit quand dormait la Landgrave,
Il se glissait près des filles d'honneur,
Et de sa voix majestueuse et grave
Les instruisait sur le droit du seigneur ;

Le jour, la nuit, dans sa maison esclave,
Tout convergeait au soin de son bonheur.
De la Landgrave il eut dans sa jeunesse
Notre héroïne et quatre gros garçons
Bien découplés, grands, vigoureux et blonds.
Dans maint État, près de mainte princesse,
Époux royaux toujours tenus en lesse,
Ils ont brillé par des hymens féconds!

Leur sœur, comme eux, était blonde, mais pâle,
Svelte, pensive, au front triste et charmant;
Sur les traits purs de son visage ovale,
Souffle du cœur, passait le sentiment;
Comme un roseau sa taille virginale
Sous ses pensers se courbait par moment.
C'étaient l'esprit, la grâce maternelle;
De la Landgrave elle fut tout l'amour,
Son cher souci dès qu'elle vit le jour:
Orgueil, bonheur, elle mit tout en elle.
Hermance ainsi s'élevait sous son aile,
Charme et parfum de la petite cour.

Sous l'uniforme, en pompeuse tenue,
Tandis qu'enflé de sa mince grandeur.

Menant la chasse ou passant la revue,
Le fier Landgrave allait dans sa roideur
De ses sujets émerveiller la vue
Ou parader devant son Empereur,
Elles aimaient, les deux femmes rêveuses,
A fuir le bruit, à penser à l'écart,
A se nourrir des œuvres glorieuses
De Bethowen, de Gœthe et de Mozart;
Leur cœur vivait, elles étaient heureuses
De leur tendresse et des songes de l'art.

L'art, aliment des âmes inquiètes,
Amour des cœurs d'autres amours privés;
Bonheurs complets! cieux! idéales fêtes!
C'est vous goûter que vous avoir rêvés!
Pour consoler, Dieu créa les poëtes :
Combien de fronts n'ont-ils pas relevés!

D'où viendra-t-il pour la vierge si belle
L'époux qui passe en ses rêves émus?
Déjà son père a convoité pour elle
Un czarowitz, buveur, fauve et camus;
Un roi de Saxe, impotent, sans cervelle;
Un archiduc, qui boite et n'y voit plus.

Elle est restée inerte à leur mérite,
Avec des pleurs dans son grand œil d'azur.
Elle a dit : Non! pour chaque époux futur :
La mère approuve et le père s'irrite;
Au czarowitz sa parole est écrite.
La fille pense : « Oh! j'en mourrai, c'est sûr! »
Mais ce fut lui qui mourut. Toujours ivre,
Un soir d'hiver il tomba de son lit;
Contre le pied d'un guéridon de cuivre
Sa tempe frappe et le sang en jaillit.
Grâce à sa mort Hermance pourra vivre :
Ce fut un mois d'espoir et de répit.

D'ailleurs le père était alors en veine
D'être bon prince. Un artiste français
Dans son duché promenait ses succès :
Notre sculpteur charma cette âme vaine
En le huchant, comme un grand capitaine,
L'épée au poing dans la cour du palais!
Ma foi! c'était une statue équestre
De douze pieds, du plus beau marbre blanc!
Face carrée, allure de bourgmestre,
Croix et crachat, épaulette à gros gland;
Il se tenait droit comme un roc alpestre!

7.

Pourtant l'artiste avait un vrai talent;
Mais il sculpta le duc d'après nature,
Il était roide, ample, monumental...
Portrait d'Hermance, adorable figure;
Boucles jouant sur un cou virginal,
O front rêveur, beau profil, ligne pure,
C'est vous, c'est vous, qu'il eût fait idéal !...

Il avait vu flotter sous le feuillage,
Des ormes noirs, de longs cheveux dorés;
Il avait vu passer le doux visage,
Ses rêves d'art s'en étaient épurés!
Dans sa pensée il grava son image,
Il la gardait pour les types sacrés !
Un soir d'automne il l'avait entendue
Jeter au vent les larmes de Schubert;
Puis à cheval il l'avait entrevue
Sous l'amazone aux longs plis de drap vert;
Comme une nymphe à jamais disparue
Il la cherchait dans le grand parc désert.
Elle, en passant sous une galerie,
Sans qu'il la vît, l'avait surpris un jour
La dessinant comme un ange qui prie:
C'étaient ses traits, sa taille au pur contour;

Ce souvenir troubla sa rêverie
Et l'attira vers des songes d'amour.
Corps souple et fier, sous la blouse de laine,
Grand front d'artiste, œil noir, tout avait fui ..
Mais il resta dans sa pauvre âme en peine.
En y pensant dans ses longs jours d'ennui
Elle rêvait des rives de la Seine,
Et dans son cœur aimait la France en lui.

C'était le temps où le marquis del Porte
A son roi, veuf pour la troisième fois,
Allait cherchant une épouse plus forte;
Car la dernière, enceinte de six mois,
D'un coup de pied du monarque était morte;
On vante trop l'urbanité des rois !
Du vieux marquis la mielleuse éloquence
De cour en cour a manqué ses effets,
Toutes ont peur du prince portefaix !
Mais le Landgrave accepta l'alliance;
Il la conclut sans consulter Hermance :
Pacte et contrat en un mois furent faits.

Il faut partir !... Adieu, douce Allemagne,
Toit paternel qui vit ses jours couler;

Adieu, sa mère, adorable compagne ;

Valse de Strauss vibrant dans la campagne ;

Belles amours des héros de Schiller ;

Tout la poursuit et veut la rappeler.

Comme enchaînant son âme qui vacille

De ses deux bras la mère étreint sa fille ;

Mais le Landgrave interrompt ce transport :

Il les sépare ; il est homme ! il est fort !...

La fille part ; la mère est sans famille :

C'est de ce jour que commence sa mort.

II

Battez, tambours ! retentissez, fanfares !

De la mer bleue au donjon féodal,

Déployez-vous, chants joyeux, feux bizarres ;

Flottez au vent, drapeau national ;

Montez, parfum des fruits et des fleurs rares ;

Naple, aujourd'hui, fête l'hymen royal !
Sur les hauteurs plane la foule immense,
De Procida chantent les bateliers ;
Des régiments la musique s'élance ;
Les monuments pavoisent leurs piliers,
Et, l'arme au bras, fantassins, cavaliers,
Serrent leurs rangs : on n'attend plus qu'Hermance.
Dans le palais tout s'anime, tout luit,
Portiques, cours, corridors et chapelle,
Salles, théâtre, où la foule bruit,
Chambre d'argent, de lampas, de dentelle,
Où dans un lit d'ivoire, aussi blanc qu'elle,
Hermance, hélas ! couchera cette nuit.
Un grand hourra monte !... c'est la princesse !
Le canon gronde !... oh ! suprême moment !
Le prince accourt... oh ! virginale ivresse !
Dans son cortége éclatant de richesse,
Voici l'époux rêvé ! voici l'amant ! —
Nous connaissons ce vertige de flamme,
D'un jour d'hymen où tout séduit la femme ;
Danses, festins, frais atours et bijoux,
Pour un instant tout chante et rit dans l'âme ;
Mais l'heure vient de regarder l'époux :
Quoique princesse elle fît comme nous.

Oh ! les portraits sont comme les affiches,
Ils mentent tous, mais avec beaucoup d'art :
Elle le voit !... c'était presque un vieillard,
Le corps roidi sous ses vêtements riches ;
Sa bouche usée avait des dents postiches,
Ses yeux éteints n'avaient plus de regard.

Elle est liée, on l'encense, elle règne,
Il faut sourire à la foule, à la cour ;
Dans ce désert personne qui la plaigne !
Le bruit, l'éclat, la fatigue du jour,
Ont étourdi son pauvre cœur qui saigne,
Il se réveille à l'heure de l'amour !
Amour ! amour ! nom divin qu'on profane
En le donnant à des accouplements,
Depuis celui que vend la courtisane
Jusqu'à celui qu'imposent les serments ;
Amour ! amour ! qui de Dieu seul émane,
Tu n'es sacré qu'aux lèvres des amants !

Deux mois après on lisait sa grossesse
Dans le journal. — Puis on la vit languir ;
Elle souffrait et fuyait le plaisir.
Le roi s'irrite et bientôt la délaisse ;

Le débauché retourne à sa maîtresse.
La femme, en deuil, revient au souvenir...
Elle s'assied près de sa mère aimée ;
Elle redit les beaux chants préférés ;
Elle revoit une image enflammée
Où ses désirs s'attachent, éplorés.
Livre touchant, sa jeunesse est fermée,
Les purs feuillets en tombent déchirés.
Châteaux, palais, demeures souveraines,
Prison riante où s'écoulent leurs jours,
Terrasses, fleurs, bosquets, claires fontaines,
Parcs et jardins aux sinueux détours,
Vous seuls savez les tristesses des reines
Dont la jeunesse a passé sans amours !

III

Je n'aime pas la chrétienne maxime
Qui des douleurs fait naître les vertus ;

Elle a, servant le triomphe du crime,
Courbé la tête aux généreux vaincus;
Mais elle est vraie : en un cœur de victime
Des sentiments divins sont contenus.
Les pleurs versés et la peine sentie
Font compatir à l'angoisse d'autrui :
Tout malheureux répand sa sympathie,
Tout opprimé sert volontiers d'appui;
Et la pitié, fleur céleste, est sortie
D'un cœur brisé d'où l'espoir s'est enfui.
Chaque bienfait qui découle d'Hermance,
C'est son malheur en amour dilaté :
Elle voudrait que sa tristesse immense
Tarît tes pleurs, ô triste humanité !
Elle n'emprunte à la toute-puissance
Que des trésors de générosité.
Lorsque le prince est injuste ou barbare,
Signe un arrêt ou fulmine un édit,
Confisque, exile, et dans le mal s'égare
(Nécessité du pouvoir! comme on dit),
Elle est la main qui console et répare,
Et qui désarme alors qu'on le maudit.
Pourtant son front fléchit sous la couronne,
La charité l'attriste et la déçoit.

Quoi ! pas un cœur en qui son cœur rayonne !

Toujours aimer sans attirer à soi !

Le dévoûment, c'est l'amour que l'on donne,

Mais le bonheur, c'est l'amour qu'on reçoit.

Qu'il vienne, enfin ! qu'il vienne et la visite,

L'hôte attendu par son cœur altéré !

Mais cet enfant, qui dans son sein s'agite,

N'est-ce donc pas le bonheur désiré ?

Oui, oui, c'est lui !... c'est l'amour sans limite.

Puisqu'elle est mère, oh ! tout est réparé. —

Regardez-la dans sa nuit de martyre,

Où sa souffrance éclate par des cris,

Éteint ses yeux et tord ses bras meurtris !...

Regardez-la, quand son flanc se déchire,

Se ranimer, resplendir et sourire,

En apprenant qu'elle est mère d'un fils !

Durant un mois, dans son lit blanc couchée,

Elle demeure immobile; à la voir,

On penserait que la mort l'a touchée,

Tant elle est pâle; et pourtant, chaque soir,

Lorsqu'on apporte à la douce accouchée

Son bel enfant, elle sourit d'espoir.

Un soir, plus faible, elle appelle la vie,

L'air printanier, le ciel bleu, le soleil,

Elle ressent comme une immense envie
De parcourir le parc à son réveil
Avec son fils, d'y folâtrer ravie...
Et de ses yeux s'éloigne le sommeil :
Tout dort près d'elle ; elle écoute !... il s'élève
Un chant lointain plusieurs fois répété,
Qui donc l'attire et l'émeut ? est-ce un rêve ?
Oh! ce doux air qu'elle a souvent chanté,
C'est l'Allemagne absente !... Elle se lève
Pour mieux jouir de sa suavité.

Sur le balcon, pâle, à peine vêtue,
Laissant au vent ses longs cheveux flotter,
De Velléda l'on eût dit la statue !
Elle écoutait la musique monter ;
Elle voyait dans la vague étendue
Des feux courir, des ombres s'agiter.
Mais tout à coup près du palais circule
Une voiture à l'attelage blanc :
Le prince est là, radieux, ridicule,
Au propos vif, au geste pétulant...
A ses côtés sa maîtresse calcule
Comment on dupe un homme en l'adulant.
Elle était brune, à la mine hardie,

A l'œil lascif dardant la volupté;
Elle agaçait de sa hanche arrondie
Le pauvre prince au sourire hébété,
Et rejouait sa vieille comédie
D'ivresse folle et d'amour emporté.

Tous, jeunes, vieux, beaux ou laids, ils se prennent
Au piége impur de ces plaisirs vendus;
Tous, quand deux bras rapaces les enchaînent,
Croient aux transports qu'ont payés leurs écus :
Ces amours-là les domptent et les mènent,
Et, glorieux, ils se sentent émus!
Chastes aveux d'une vierge attendrie,
Sincère amour, vous arrivez trop tard!
Le vrai répugne à leur âme flétrie,
Habituée à des baisers de fard.
La courtisane est une flatterie
Chère au jeune homme, adorable au vieillard.

Elle a tout vu!.... Dans le fond d'une allée
Court la voiture, et la musique suit;
L'air qu'elle aimait lui revient par volée
Dans les parfums de cette belle nuit.
Sur le balcon, immobile, accablée,

La jeune mère entend sonner minuit.
Elle tressaille ! Est-ce son glas qui sonne ?
Un froid étrange a traversé son cœur !
Est-ce la mort ? elle est douce, elle est bonne !
C'est le repos ! ce n'est plus la douleur.
Son corps s'affaisse, insensible; il frissonne,
Il devient marbre, il en a la pâleur.

Elle était morte... Elle fut étendue
Le lendemain sur un lit d'apparat.
De son époux on peignit l'âme émue,
Et sa douleur s'immolant à l'État.
Il décréta qu'on ferait sa statue
Et que sa tombe aurait un grand éclat.
De sa beauté pour conserver l'empreinte,
Un statuaire est mandé !... C'était lui !...
Lui qui puisa l'inspiration sainte
Dans ce regard vide et morne aujourd'hui.
De son génie il sent la flamme éteinte...
La foi succombe où le dieu s'est enfui.
Il effleura ce sein qui semblait battre ;
Il se courba sur ce corps adoré,
Ses doigts émus palpaient le front bleuâtre...
Ce court moment fut terrible et sacré.

En appliquant le masque froid du plâtre,

Il imprima, ravi, désespéré,

Sa bouche ardente à la bouche glacée,

Et, l'âme en pleurs, il eut cette pensée :

Quand je te vis sous tes longs cheveux d'or,

Si ton cœur libre avait pris son essor,

Et si l'amour à moi t'eût fiancée,

Heureuse, aimée... oh! tu vivrais encor!...

1852.

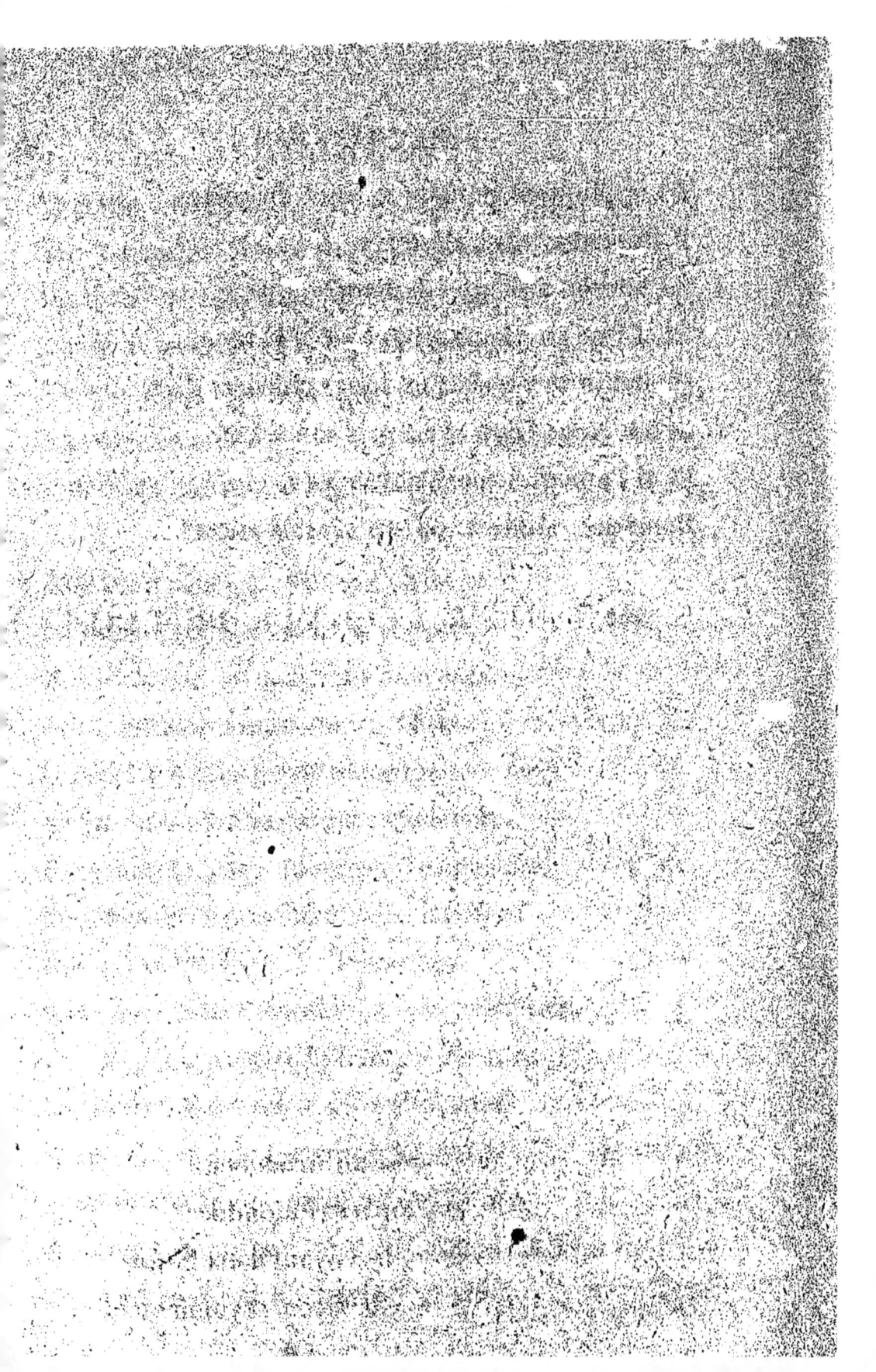

SONNETS

***

A MONSIEUR LECONTE DE LISLE

—

UN LIVRE

—

Un livre est une étoile éclose au firmament :
D'abord elle scintille aux autres confondue ;
Mais l'astronome, un jour, la voyant dans la nue,
Comprend que c'est un monde à son rayonnement.

Dans la foule longtemps ainsi reste perdue
L'œuvre que le penseur fit en se consumant ;
Mais la postérité découvre l'inconnue,
Et l'astre inauguré plane éternellement.

Tu chantes, fier poëte, au fond des solitudes ;
Ta lumière idéale échappe aux multitudes ;
Le front découronné tu languis et tu meurs !

Mais ton œuvre survit, immortelle et féconde ;
Bientôt montent vers toi d'enivrantes clameurs
Ta gloire a rayonné ! l'étoile devient monde !

A MA FILLE

Tu courais tantôt dans la longue allée
Du jardin claustral empli de soleil ;
Le sourire ouvrait ta bouche perlée,
Tes yeux bleus brillaient sous ton front vermeil.

Dans l'air s'agitait ta main effilée,
Ton pied s'élançait, à l'oiseau pareil ;
Ton cœur me semblait plein d'un doux sommeil ;
En m'apercevant tu t'es envolée.

Tu ne riais plus, tu ne parlais pas,
Et tu t'es jetée en pleurs dans mes bras ;
Puis, en secouant dans ma chevelure

Du bout de tes doigts une larme pure :
« Je pleure, as-tu dit, sans savoir pourquoi ! »
Enfant, c'est ton cœur qui s'éveille en toi.

7

A MONSIEUR PRÉAULT

STATUAIRE

SUR UN MASQUE FUNÉRAIRE

En flots tumultueux quand mon âme s'élance,
Impassible, il est là, ton grand sphinx du silence ;
Il est là, l'œil baissé, toujours muet et froid,
Et sur sa bouche close il allonge son doigt.

Son immobilité raille ma véhémence ;
Les douleurs du vivant pour le mort sont démence.
Le calme trépassé, dans son cercueil étroit,
Semble, en se soulevant, douter de ce qu'il voit.

« Encor, dit sans parler l'inflexible visage,
« Encor la passion et l'éternel orage !
« Le souffle qui t'abat comme toi m'a courbé ;

« Mais regarde : l'amour, qui ravit et qui navre,
« Sous le suaire blanc qui flotte à mon cadavre
« Avant moi dans la tombe en poussière est tombé ! »

UN BEAU SOIR ET UN BEAU JOUR

Par cet air pur, par ce ciel bleu,
Où le soleil jette sa flamme,
Vous est-il revenu dans l'âme
Notre doux soir au coin du feu ?

9

Était-ce un rêve? était-ce un jeu?
Une élégie? une épigramme?
Cherchiez-vous la muse ou la femme?
Les vers interrompaient l'aveu...

C'était un jeu, fini peut-être?
Ephémère espoir qui pénètre,
A ce beau jour d'hiver pareil...

Il brille, il a dissipé l'ombre;
Mais demain le ciel sera sombre,
La brume noiera le soleil.

A UNE CANTATRICE ITALIENNE

Lorsque l'on te regarde, on croit voir l'Italie;
Belle, au front plein d'orgueil et de mélancolie,
Comme Desdemona, portant le double poids
Des larmes d'aujourd'hui, des splendeurs d'autrefois.

Ainsi dans l'œil profond de ta tête pâlie
Une fierté superbe à la douleur s'allie;
La passion qui gronde et monte avec ta voix
Fait rejaillir ses feux dans les cœurs les plus froids.

Quand du haut du dolmen tu répands l'épouvante,
Ce n'est point la Norma, c'est Velleda vivante,
A qui Chateaubriand aurait dit : « Viens à moi! »

Et de Sémiramis quand l'amour te domine
Tu nous fais oublier la Phèdre de Racine
Pour l'antique Orient qui se ranime en toi.

VISITE A UN ABSENT

Il fait froid, ton foyer s'allume,
Tu t'habilles, tu vas sortir ;
Tu pars, et j'accours me blottir
Dans ton fauteuil. Je prends ta plume.

Je n'écrirai pas un volume...
Mais un seul mot pour t'avertir
Que mon cœur n'a plus d'amertume
Si le tien s'ouvre au repentir.

Mais ce mot, pourras-tu le lire?
Ma main, en tremblant, l'a tracé,
Et mes pleurs l'ont presque effacé.

Oh! ce mot, pourquoi le récrire?
A ton âme comme à tes yeux
Une larme parlera mieux.

AUX FEMMES

Femmes, à vous mes chants, ma pitié, mon amour,
Toutes vous me semblez une part de moi-même,
Je lis dans vos douleurs et les peins tour à tour,
Toutes vous m'êtes sœurs, et toutes je vous aime.

A vos persécuteurs je parle sans détour,

Malgré leur ironie ou leur lâche anathème;

Car le mal est immense et l'instant est suprême,

Les secrets de nos pleurs éclatent au grand jour.

Notre rédemption est l'œuvre qu'on médite :

L'amour se réjouit, l'impureté s'irrite

De voir la liberté qui nous donne la main.

L'esclave, qu'écrasait l'antiquité barbare,

Entrevoyait le jour, pressentait la fanfare

Des temps où finirait son douloureux chemin.

RETOUR

On croit ne plus s'aimer, on pense qu'on s'oublie,
Et que du sentiment, rejeté sans regrets,
Entière dans le cœur la mort s'est accomplie,
Comme un rayon s'éteint sans rien laisser après.

Mais voilà qu'un jour vient où l'image pâlie
Renaît confusément, puis ranime ses traits;
Elle sort du linceul, la pauvre ensevelie,
Elle a senti l'appel de nos désirs secrets.

Une fleur qu'on reçoit dans un anniversaire,
Un chant qui vibre au cœur lorsque le cœur se serre,
Nous disent qu'elle est là dans le passé qui dort;

Qu'il suffirait d'un vœu pour la voir apparaître
Plus belle, plus touchante, et plus chère peut-être,
Comme un enfant aimé que nous rendrait la Mort.

A MONSIEUR HIPPOLYTE FERRAT

STATUAIRE

SUR LE MÉDAILLON DE MA FILLE

La voilà bien, elle sourit,
Le front ceint de sa double tresse,
Sa narine mince se dresse,
Dans ses yeux brille son esprit.

De sa peau l'on sent la finesse,
Son cou se gonfle et s'arrondit,
C'est bien là sa fleur de jeunesse
Où le sang circule et bondit.

Ce profil à la ligne exquise
N'est-il pas tombé d'une frise
De quelque temple athénien ?

En toi l'art grec semble renaître,
Et de Pradier, qui fut ton maître,
Le souffle a passé dans le tien.

LA GLOIRE

Je ne te cherche plus, gloire contemporaine,
Blême prostituée aux baisers de hasard,
Qui tends tes bras à tous, et, sein nu, dans l'arène
Prodigues ton étreinte aux bateleurs de l'art.

La Poésie un jour m'a dit : « Tu seras reine ! »
Et dans ma frêle main j'ai pris son étendard,
Et je poursuis la route étoilée et sereine
Que l'idéal altier me traçait au départ.

J'entrevois, sur ma tombe, une foule soumise,
Un immortel vieillard me dit : « Tu m'es promise ! »
Et mon front couronné s'appuie au front du Temps.

Reine par son hymen, je renais éblouie ;
La fleur de l'aloès, qui fut close cent ans,
Aux baisers du soleil éclate épanouie !

———

L'ACROPOLE D'ATHÈNES

POEME

COURONNÉ PAR L'ACADÉMIE FRANÇAISE

EN SA SÉANCE PUBLIQUE DU MOIS D'AOUT 1854.

Ancient of days! august Athena! where
Where are thy men of might? thy grand in soul?
Gone, glimmering thro, the dream of things that were.

(LORD BYRON, *Childe Harold*.)

Antique cité, majestueuse Athènes, où sont tes hommes illustres, tes grands par l'âme? ils ont disparu, jetant leur lueur à travers le rêve des choses qui ont été.

De tous les peuples de la terre, les Grecs ont le plus noblement rêvé le rêve de la vie.

(GŒTHE, *Pensées*.)

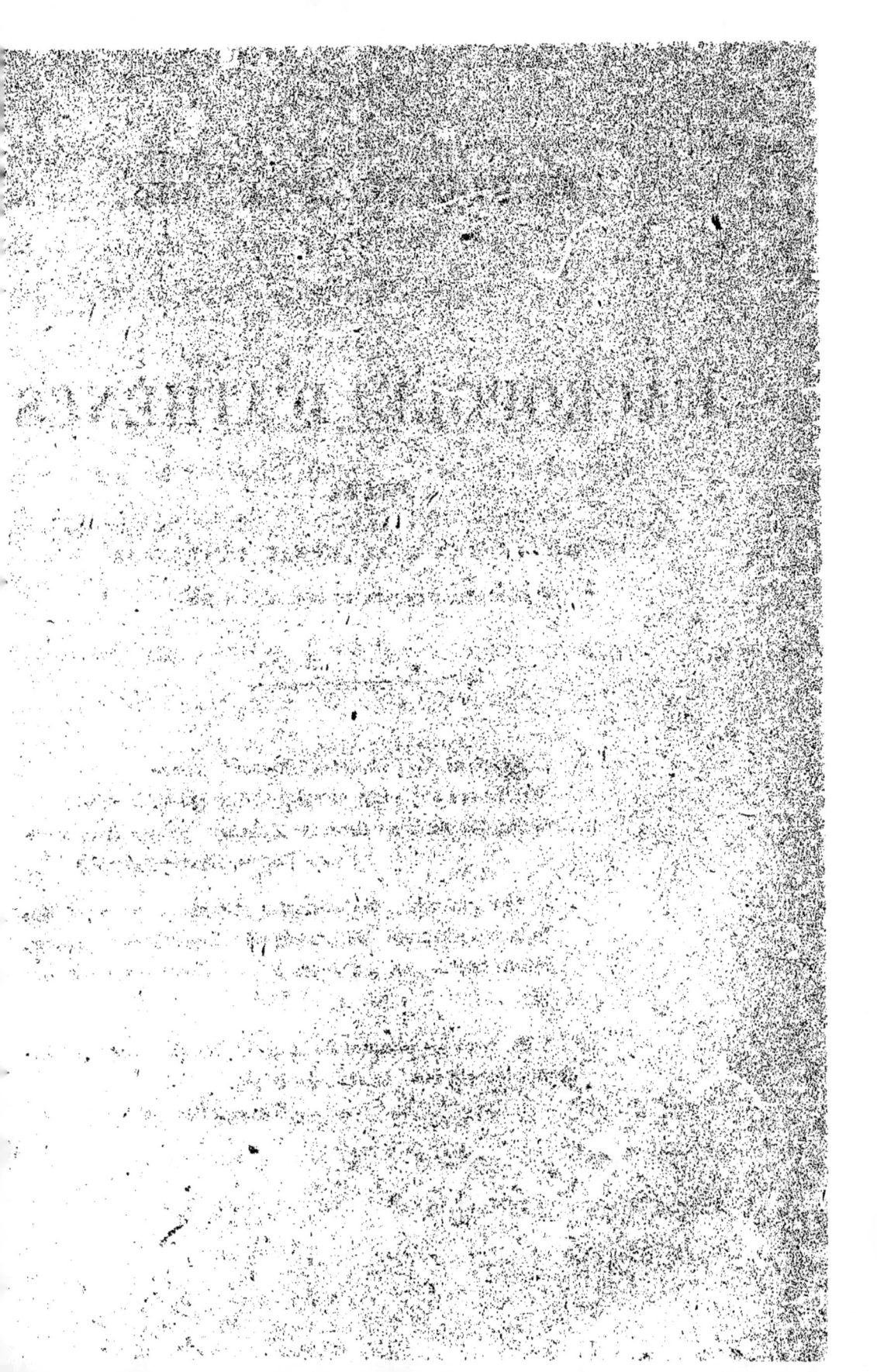

L'ACROPOLE D'ATHÈNES

A MONSIEUR LE COMTE ALFRED DE VIGNY

I

Quand de la mer Égée où glisse le navire
Aux clartés du matin le voyageur voit luire
Les golfes de l'Attique en cirques arrondis,
Il découvre, éclairé comme il était jadis,

10.

Le calme paysage où rayonnait Athènes!
Au fond le Pentélique en lignes incertaines,
Plus près le mont Hymette au lumineux contour,
Et dans le vif azur où ruisselle le jour,
Comme un trépied géant un roc à large cime
Qui porte avec fierté le Parthénon sublime!
Aux baisers du soleil son fronton s'est doré,
Les siècles en fuyant l'ont à peine altéré,
Et, des temples tombés dominant les décombres,
Il est demeuré seul, phare parmi les ombres.
A sa base il a vu s'entasser, écroulés,
Volutes, chapiteaux, bas-reliefs mutilés;
Sortant de leurs débris, la Tour vénitienne
Heurte de sa lourdeur la grâce athénienne;
Elle passe du front le portique éclatant,
De sa beauté tranquille il l'écrase pourtant,
Et la forme ineffable, éternellement pure,
Découpe au bleu du ciel sa sereine structure.

Du sommet radieux lorsque l'œil redescend
Sur la croupe du roc, il admire en passant
Les colonnes debout des longues Propylées
Qui montent dans l'éther, blanches et cannelées;

Et, comme un champ de mort des grands restes de l'art,
Les trois temples détruits à droite du rempart;
Là, près des piédestaux qui n'ont plus de statues,
Se pressent les fragments des frises abattues.
Dans les parvis déserts les chèvres vont paissant
Aux marbres renversés le lichen jaunissant.
Le soir, quelque vieux pâtre à la stature antique
Erre parmi les blocs du grand mur pélasgique!
Et de cette hauteur il voit fuir l'Ilissus,
Il aperçoit au pied du mont Lycabethus
L'Athènes renaissante et le bois séculaire
Des oliviers sacrés. — Au rivage, Phalère,
Le Pirée. — Au delà, belle encor de son nom,
Salamine! et là-bas, à l'extrême horizon,
Par les feux du couchant Corinthe couronnée,
Dressant sur les deux mers sa tête illuminée!

Alors, comme des flots qu'on entendrait venir,
Sur le passé muet monte le souvenir!
Secouant le linceul de sa blonde poussière,
La Grèce d'autrefois se lève tout entière!
Ses ports sont repeuplés, ses cités sont debout,
Ses héros et ses dieux se dressent tout à coup!

Athènes ressuscite avec son Acropole,
Dont le blanc Parthénon forme encor l'auréole;
Le ciel est sur la terre, et l'homme, radieux,
Sent en lui le génie et la force des dieux!

II

Pour ce peuple inspiré des beaux jours de la Grèce,
Qui vivait dans sa foi, sa beauté, sa jeunesse,
L'apothéose était une échelle de feu
A l'Olympe immortel joignant la race humaine :
Terre et cieux se touchaient, et l'on savait à peine
Où l'homme finissait, ou commençait le dieu !

L'héroïsme, l'amour, la grâce, le génie,
Formaient de déités une chaîne infinie ;
Et par quelque splendeur tout être s'élevant,
Comme un terne bûcher que la flamme illumine,
Participait soudain de l'essence divine,
Et devenait le dieu qu'il s'en allait rêvant !

A chaque pas c'étaient de célestes histoires.
Les forêts, les échos, les mers, les promontoires,
Les sources, les buissons, en mythes abondaient ;
Du grand centre inconnu sur la terre féconde
Des légions d'esprits s'épanchaient comme l'onde,
Les voix de la nature à l'homme répondaient.

Des peuples primitifs le culte était l'emblème,
Dans leur religion passait leur esprit même ;
Leur foi déifiait l'idéal adoré.
Quand le peuple était grand, c'était un grand symbole ;
L'âme d'Athène ainsi plana sur l'Acropole
Dans le temple du dieu qu'elle avait préféré.

Ce n'était pas Vénus au sourire impudique,
Entre ses bras ouverts berçant le monde antique,
Et vers l'homme abaissant la dignité des cieux...

C'était l'âme du beau, c'était la foi guerrière,
C'était la pudeur sainte et l'amour sérieux,
    C'était Minerve, vierge altière !

Fille de Jupiter, qui d'elle s'inspirait,
Elle ennoblissait l'homme et le transfigurait !
Aux sages, aux héros, elle donna naissance ;
Si leur front resplendit d'un éclat radieux,
C'est qu'elle fit passer sur tous ces demi-dieux
    Comme un éclair de sa puissance !

Athène entend venir les Perses ennemis,
Miltiade, Aristide, et Thémistocle unis,
Marchent contre eux. Soudain leur retraite est coupée ;
Ils tombent en fuyant comme un lourd tourbillon,
Car de ces trois héros, vainqueurs à Marathon,
    Minerve dirige l'épée !

Dans les combats, Tyrtée aux bataillons sacrés
Faisait braver la mort par des chants inspirés ;
L'hymne guerrier changeait l'héroïsme en délire,
Les cris, le choc du fer, sous sa voix s'étouffaient,
Il chantait la victoire, et les Grecs triomphaient :
    Minerve avait touché sa lyre !

Rendre le peuple grec éternel désormais,
Défier l'univers de l'égaler jamais,
A son ère éclatante attacher ta mémoire,
Ce fut, ô Périclès ! ton rêve; il s'accomplit,
Devant ton siècle encor chaque siècle pâlit,
    Minerve en façonna la gloire !

Elle inspire le rhythme, et la danse, et les sons;
La chaste poésie, et ses doctes leçons,
Qui tombent pour les forts des lèvres de Socrate ;
Le démon familier que ce sage évoquait,
C'est elle ! et, quand il meurt, dans le dernier banquet
    Minerve par sa voix éclate !

Reniant leurs aïeux, quand les Grecs énervés
Tendent leurs bras aux fers qu'ils ont longtemps bravés,
Démosthène apparaît : la lâcheté s'étonne...
Son geste, c'est la foudre !... Est-ce un homme? est-ce un die
Dans ses cris éloquents, dans ses regards de feu,
    Au dernier jour Minerve tonne !

III

Athènes ! tu naissais à peine quand Pallas
T'anima de son cœur, te soutint de son bras.
D'un souffle olympien elle t'a fécondée,
Elle te fit grandir par la force et l'idée ;
Et vers tes hauts destins tandis que tu montais,
Comme l'on sent son âme, en toi tu la sentais !
Ton premier hymne au ciel, ta première prière,
Furent pour ta déesse à la fois chaste et fière ;
Son nom fut le premier que tu balbutias,
Dans l'art par son image un jour tu t'essayas :

Avec le tronc grossier d'un arbre de l'Hymette

Tu la sculptas, naïve, un boisseau [1] sur la tête.

Mais, lorsque son esprit, qui rayonnait en toi,

Dans l'art et dans la guerre eut fait ton peuple roi,

Ta déesse de bois devint d'or et d'ivoire ;

Tu lui voulus un temple à l'égal de ta gloire ;

Sur l'Acropole, autour de l'olivier sacré,

Qui, planté par Minerve, a grandi vénéré,

Sous le dôme d'un ciel souriant à toute heure,

De ta Divinité s'éleva la demeure !

Tout un peuple accourut pour tailler de sa main

Les blocs du Pentélique aussi durs que l'airain.

    Le voilà ce temple sans tache,

    Blanc comme un vêtement sacré !

    Comme la neige qui s'attache

    Au front du Parnasse éthéré !

    Éblouissante colonnade

    Que Zéphire va caressant ;

    Le voilà tournant sa façade

    Aux feux du matin rougissant !

[1] La première Minerve du temple primitif élevé sur l'Acropole était en bois avec un *polos* (boisseau) sur la tête. (PAUSANIAS.)

Son fronton monte et se décore
De tout l'Olympe radieux ;
Minerve, qu'éclaire l'aurore,
Apparaît au milieu des dieux !
Et de l'autre côté du temple
Par le couchant illuminé,
Victorieuse elle contemple
Neptune à ses pieds enchaîné !

Sur la frise où le jour palpite
Semblent hennir les coursiers blancs ;
Un char vainqueur se précipite,
Suivi de chars étincelants ;
Des vierges aux longues tuniques
Portent des amphores de miel,
Et les pains que leurs doigts pudiques
Viennent de pétrir pour l'autel.

On dirait leurs robes mouvantes,
Leurs cheveux frémissent à l'air :
Ces formes sont-elles vivantes ?
Est-ce le marbre ? est-ce la chair ?

C'est plus que la vie éphémère,
C'est le souffle de Phidias
Qui donne un corps aux dieux d'Homère
Et qui vient d'animer Pallas !

Entrons dans la chambre sacrée;
Elle est là sur son piédestal;
A sa belle tête inspirée
Brille le cimier triomphal;
Sa bouche est souriante et fière,
Son nez droit, son front sérieux,
Deux grands saphyrs sous sa paupière
Simulent l'azur de ses yeux.

Sous son casque sa chevelure
Vers le cou va se ramassant;
Sur sa taille superbe et pure
En longs plis sa robe descend;
Une de ses mains tient la lance;
L'autre la Victoire; à ses pieds
Gît son bouclier d'or, immense,
Où les Géants sont châtiés.

Sa chaussure, pour broderies,

A des monstres domptés ou morts.

L'ivoire, l'or, les pierreries,

Les perles, recouvrent son corps;

Sur la beauté de la matière

L'idéal jette son rayon,

Et Pallas, dans son sanctuaire,

Devient l'âme du Parthénon !

Colossale, passant du front le blanc portique,

En bronze, elle est debout sur le seuil; de sa pique

Elle touche le ciel; et les vaisseaux en mer

Aperçoivent de loin son aigrette dans l'air.

Sur le mont Pentélique, au fond, dans la campagne,

Ayant pour piédestal un bloc de la montagne,

C'est elle encor !... Tendant son égide aux guérets,

Elle soumet Bacchus et seconde Cérès.

Pâtres, navigateurs, pour la rendre propice,

Dans les champs, sur les eaux, offrent leur sacrifice:

Parmi les autres dieux, au cœur faible ou jaloux,

Sa sereine équité sert de refuge à tous:

Elle est la foi du pauvre, elle est pour le génie

Le suprême idéal, la sagesse infinie;

Tous les Grecs en sont fiers, et, bénissant son nom,
Pour la glorifier courent au Parthénon.

IV

L'été dore la moisson blonde,
Les lauriers-roses sont fleuris,
L'Ilissus ralentit son onde,
L'Hymette invite à ses abris.
Des profondeurs de l'Empyrée
Le jour descend sur le vallon,
Du mont Pentélique au Pirée
Il étend son bleu pavillon.

11.

La mer, assoupie et sans ride,
Reflète le clair firmament,
Et, blanche sous l'éther limpide,
Athènes sourit en dormant;
Tout à coup des calmes vallées,
Des montagnes, du port lointain,
La foule, qui vient par volées,
Trouble le tranquille matin.

La cité s'éveille et s'empresse,
Les voix montent, le bruit grandit;
Sur le temple de la déesse
Le char du soleil resplendit!
C'est la plus belle des journées,
C'est la fête aux riants combats,
La fête des Panathénées,
La grande fête de Pallas!

C'est la procession de la fière déesse!
En tête on voit marcher les vieillards de la Grèce,
Calmes, majestueux et beaux comme Nestor;
Sur leurs cheveux d'argent rayonne un cercle d'or;

Leurs longs manteaux sont blancs, et, jusqu'à la ceinture,

Leur barbe tombe à flots comme une neige pure ;

Dans leur droite étendue à l'orient vermeil

Des rameaux d'oliviers s'inclinent au soleil ;

Puis viennent les guerriers aux formidables tailles,

Qui portent la cuirasse et la cotte de mailles [1].

L'image de Pallas jaillit de leurs cimiers,

Ils frappent en chantant l'orbe des boucliers,

Et le peuple applaudit leurs poses intrépides.

Beaux comme Eros, couverts de légères chlamydes,

Les Éphèbes, en rangs, sur leur cou velouté

Laissent voir le duvet, fleur de la puberté.

De tout petits enfants, les mains entrelacées,

Agitent gravement de frêles caducées,

La rose, en gais festons, ceint leurs fronts ingénus,

Et sous leur robe claire on dirait qu'ils sont nus.

Les vierges, s'avançant en longues théories,

Couvrent leurs chastes corps de chastes draperies ;

Il semble à voir flotter leurs souples vêtements

Qu'un rhythme intérieur règle leurs mouvements ;

La pourpre des réseaux, l'azur des bandelettes,

Aux nœuds de leurs cheveux s'enlacent sur leurs têtes :

---

[1] Voir Muler : *Vêtements guerriers de l'Antiquité.*

De leur double tunique à la blancheur de lis
Un ceste brodé d'or soutient les larges plis ;
Les corbeilles de nacre au front des Canéphores
Contiennent les gâteaux et les lyres sonores,
Le blond rayon de miel, le fuseau diligent,
Et le lin et l'olive au feuillage d'argent.
Les filles de l'Asie, avec leurs noires tresses,
Les suivent, balançant au front de leurs maîtresses
Un léger parasol, ou tenant à la main
Le pliant que l'on dresse au rebord du chemin.
D'autres sentent fléchir leurs épaules d'ébène
Sous le fardeau pesant de quelque amphore pleine
Où s'agite en marchant l'eau des libations.

Puis, le masque à la main, passent les histrions :
Des danseurs de théâtre et des joueurs de flûte,
Des athlètes du stade exercés à la lutte,
Des Rapsodes mêlant sur le cistre de fer
Au pœan de Pallas l'hymne de Jupiter,
Et des mimes, debout sur un roc qui s'affaisse,
Figurant les Titans vaincus par la déesse.

L'on aperçoit enfin sous le bleu firmament

Le navire sacré qui monte lentement!
Il semble qu'il ondule en sa marche légère,
Ainsi que sur les flots il glisse sur la terre ;
Il est d'ivoire et d'or, et, couronnés de fleurs,
De beaux adolescents sont au banc des rameurs.
Un voile merveilleux, que les filles d'Athène
Ont brodé de leurs mains, ombrage la carène :
On y voit, reproduits, les héros triomphants,
Et Pallas qui sourit à ses mâles enfants !
En tête du vaisseau les Archontes s'avancent :
Des bâtons dans leurs mains en sceptres se balancent,
Une sardoine brille à l'anneau de leur doigt,
Une autre de leur front ferme le bandeau droit.
Les prêtres, revêtus d'une robe flottante,
Où l'abeille reluit en bordure éclatante,
Portent en chancelant les lourds trépieds dorés,
Avec la grande coupe et les vases sacrés.
Derrière, à flots pressés, court le peuple en délire....

Au temple d'Apollon s'arrête le navire ;
Les Arréphores vont détacher en chantant
Le voile lumineux que la déesse attend ;
Le cortége les suit en files déroulées,

Il franchit le rempart, passe les Propylées,
Et déploie aux regards son ondulation
Du pied de l'Acropole au seuil du Parthénon !

Qui dira les splendeurs que le temple réserve
Pour les initiés au culte de Minerve ;
Quand la grande prêtresse, en étendant les bras,
Reçoit le voile pur des mains des Arréphores,
Et, tandis qu'à l'entour vibrent les chants sonores,
    En recouvre Pallas !

Dans la lampe, au plafond jour et nuit scintillante,
On verse l'huile sainte à la mèche d'amiante,
Qui brûle sans pâlir et sans se consumer !
Comme l'œil vigilant de la grande déesse,
Qui sur Athènes luit et veille sur la Grèce
    Sans jamais se fermer.

Autour du Parthénon on pose les offrandes :
Les corbeilles, le miel, les palmes, les guirlandes.
A la Pallas guerrière alors montent les vœux :
Là-bas, vers l'Ilissus, retentit l'hécatombe,

Et le couteau sacré qui se lève et retombe
    Égorge trois cents bœufs !

C'est le signal des jeux et des cris unanimes :
Du sacrifice au peuple on livre les victimes ;
Bras nus il les dépèce et prépare, joyeux,
Ces immenses repas où, dans le Prytanée,
Depuis l'ombre du soir jusqu'à l'autre journée,
    On boit à tous les dieux !

Le chevaux frémissants courent à l'hippodrome ;
Ils ont dans leur fierté quelque chose de l'homme ;
Chaque coursier se dresse et brave les défis ;
Sur son dos du pied gauche un cavalier s'élance,
Touche à peine à ses crins, le pique de sa lance,
    Et les voilà partis !

Plus loin, quand vient le soir, l'autel de Prométhée
S'éclaire d'une torche à la flamme agitée :
Un Éphèbe en détache un brandon éclatant,
Un autre s'en saisit : la course est poursuivie,

Le feu de main en main passe... comme la vie
  Qu'on va se transmettant!

Dans les théâtres pleins sonnent les vers sublimes
Parmi le chant des chœurs et la danse des mimes;
Puis viennent tour à tour les grands drames humains :
Prométhée, Antigone, et Phèdre, et les Nuées,
Toutes les passions de l'âme remuées
  Par quatre hommes divins!

Les vainqueurs, radieux, reçoivent sur la scène
Le rameau d'olivier, l'amphore d'huile pleine,
C'est tout!... l'art ne connaît que de libres soldats;
Chaque héros est fier de mener ses cortéges,
Thémistocle, Aristide, à l'envi sont chorèges
  Comme Épaminondas!

Le Beau, c'est la croyance, et l'Art, c'est la prière!
C'est le rayonnement de l'âme tout entière;
C'est l'encens préféré de la Divinité!
Donner la vie au marbre, enfanter le poëme,

C'est rendre hommage aux dieux, c'est être Dieu soi-même
   En créant la beauté !

Un jour tout s'éclipsa... Cette grande harmonie
Qui naquit de Minerve au souffle du génie
Disparut, et laissa sur la terre un long deuil...
Qui donc de ces clartés a pu faire des ombres ?
Des vivantes cités d'immobiles décombres ?
   De la Grèce un cercueil ?

Des peuples sans nom, des peuples barbares,
  Tout couverts de peaux et d'armes bizarres,

Grands et chevelus, apportent la mort.

Ils sont accourus des forêts du nord !

Ils sont accourus du fond de l'Asie !

Se précipitant, dans leur frénésie,

Sombre tourbillon qui va grossissant,

Extermine et passe en roulant du sang.

Ils ont abattu les marbres sans tache

Et décapité sous leur lourde hache

Ces dieux rayonnants de sérénité

Qui les défiaient avec leur beauté !

Ils ont insulté la langue d'Homère,

Que l'Amour parlait à Vénus sa mère :

Langue où court l'image, où tout est vivant ;

Ils ont dispersé ses livres au vent.

Aux vases sacrés remplis d'eaux lustrales

Ils ont abreuvé leurs noires cavales,

Et dans le Céphise, aimé des trois sœurs,

De leurs corps hideux lavé les sueurs ;

Des blancs piédestaux ils ont fait des meules,

Et le sanctuaire, où les vierges seules

Auprès de Pallas veillaient nuit et jour,

Les a vus souiller les filles d'Athènes,

Et du sang des Grecs leurs mains encor pleines

Mêler à la mort leur horrible amour !

Puis, abandonnant ces rives en cendre,
Sur des bords nouveaux on les voit descendre,
Fiers d'être nommés les fléaux de Dieu,
Et laissant partout la mort pour adieu !
Mais de les porter quand la terre est lasse,
Disparus un jour, sans fonder leur race,
Ces fils du néant, après un grand bruit,
Pour l'éternité rentrent dans la nuit.

Ils étaient redoutés et terribles !... qu'importe !
Leur vie est sans écho, leur renommée est morte ;
Le temps voue à l'oubli la force qui périt,
Car il ne survit rien d'un peuple que l'esprit !
Quel continent valut la Grèce et la Judée ?
Petites nations, immenses par l'idée !
Que sont nos océans près des flots dispersés
Des deux fleuves qu'au monde elles avaient versés ?

VI

Comme la bouche sèche et morne d'un cratère
Dont la cendre sans feu retombe sur la terre,
Foyer du monde antique, es-tu donc refroidi?
Le corps s'est profané, — l'esprit s'est engourdi!
Le Bien[1], âme du Beau, tel qu'un soleil qui baisse
Aux bords de l'horizon, va déclinant sans cesse! —
La forme dégradée, et l'idéal détruit,
Laissent l'art et le cœur dans une égale nuit!

[1] Τὸ καλόν.

Mais à cette heure sombre où l'humanité doute,

Quand l'artiste inquiet ne connaît plus sa route,

Les hommes de pensée et les hommes de foi,

O mère des grandeurs, se sont tournés vers toi !

Oui, l'exemple peut plus que ne peut la parole :

Partez, mineurs de l'art ! explorez l'Acropole,

Fouillez ce roc fécond, pesez dans votre main

Ces vieux marbres où court un souffle surhumain ;

De l'immortalité par leurs débris gardée

Interprétez le sens et retrouvez l'idée ;

Prosternez-vous devant l'immuable beauté,

Dérobez son mystère à son éternité,

Et, de tant de splendeurs reconquérant l'essence,

Rapportez parmi nous une autre Renaissance !

1853.

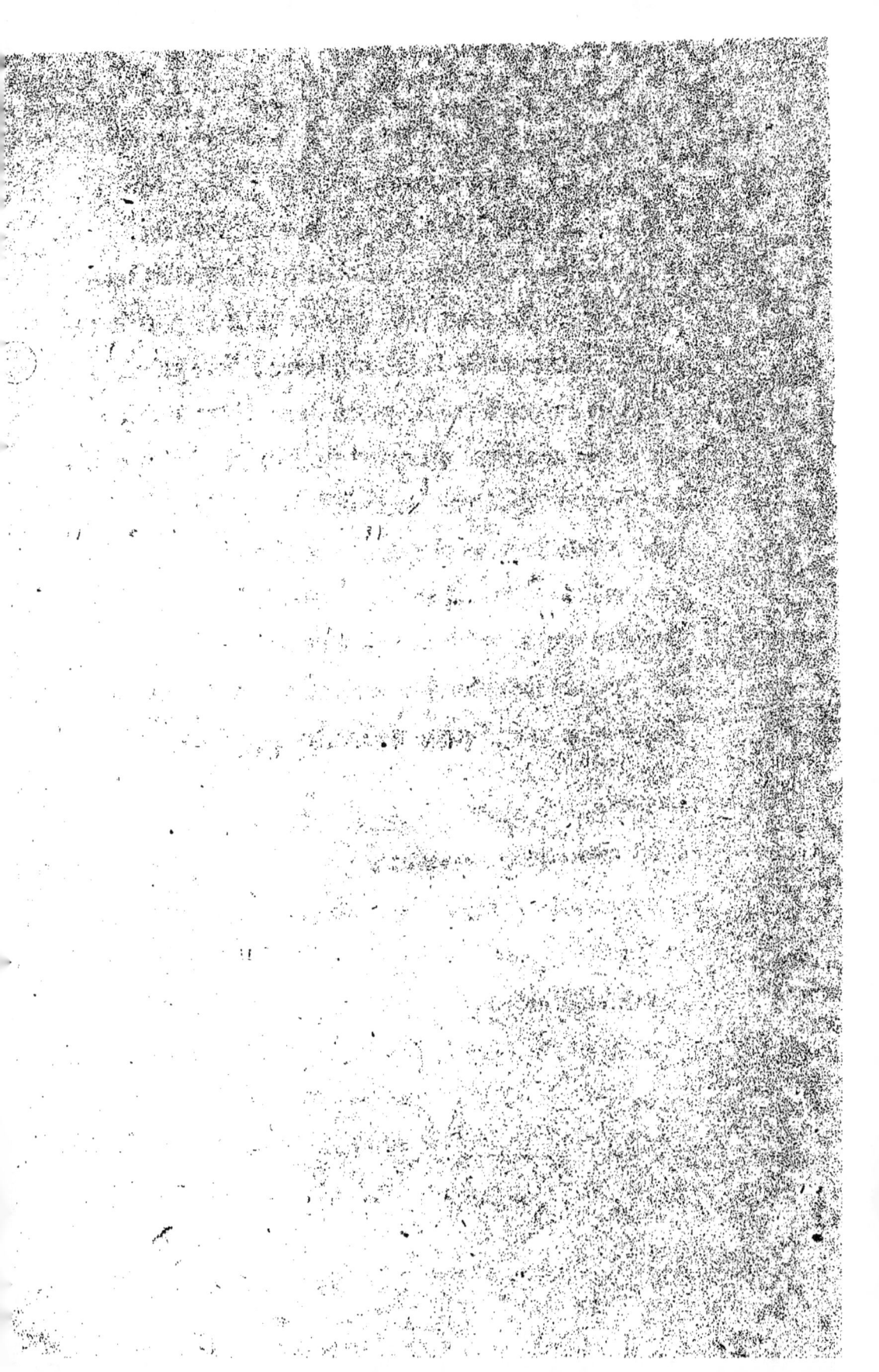

TABLE

CHANTS DIVERS

SONNETS.